Luigi Dino Tamagnone

Utilizzo delle VMware vSphere Web Services SDK

Luigi Dino Tamagnone

Utilizzo delle VMware vSphere Web Services SDK

Gestione e provisioning di VMware ESXi 4 attraverso VMware vSphere Web Services SDK

Edizioni Accademiche Italiane

Impressum / Stampa

Bibliografische Information der Deutschen Nationalbibliothek: Die Deutsche Nationalbibliothek verzeichnet diese Publikation in der Deutschen Nationalbibliografie; detaillierte bibliografische Daten sind im Internet über http://dnb.d-nb.de abrufbar.

Informazione bibliografica pubblicata da Deutsche Nationalbibliothek (Biblioteca Nazionale Tedesca): la Deutsche Nationalbibliothek novera questa pubblicazione su Deutsche Nationalbibliografie. Dati bibliografici più dettagliati sono disponibili in internet al sito web http://dnb.d-nb.de.

Coverbild / Immagine di copertina: www.ingimage.com

Verlag / Editore:
Edizioni Accademiche Italiane
ist ein Imprint der / è un marchio di
OmniScriptum GmbH & Co. KG
Heinrich-Böcking-Str. 6-8, 66121 Saarbrücken, Deutschland / Germania
Email / Posta Elettronica: info@edizioni-ai.com

Herstellung: siehe letzte Seite /
Pubblicato: vedi ultima pagina
ISBN: 978-3-639-77177-0

Indice

Capitolo 1

Introduzione

Questo libro mira a fornire le nozioni necessarie alla comprensione della virtualizzazione e a spiegare il funzionamento degli strumenti atti alla realizzazione di una applicazione web per la gestione di un server di virtualizzazione, nello specifico VMware ESXi.

Con il termine virtualizzazione ci si può riferire a diverse tecniche che dipendono dal contesto in cui viene utilizzata; nel nostro caso utilizzeremo la virtualizzazione in ambito sistemistico per definire la separazione tra l'hardware fisico (la risorsa) e il sistema operativo (l'utilizzatore della risorsa). Tra questi viene posto uno strato intermedio di software, detto hypervisor o Virtual Machine Monitor, che ha il compito di realizzare l'astrazione delle componenti hardware di un sistema e la loro suddivisione in ambienti di esecuzione isolati ed indipendenti, detti macchine virtuali.

Il libro presenterà degli esempi legati alla creazione di un servizio di gestione e provisioning di un server VMware ESXi. VMware ESXi è un software di virtualizzazione free derivato dalla versione enterprise ESX, chiaramente ESXi fornisce minori funzionalità.

VMware ha creato diversi software che consentono la gestione di ESXi ma sono a licenza limitata e richiedono un corrispettivo. L'obiettivo finale è quindi ottenere un servizio web che permetta la gestione remota del server VMware ESXi sia da parte dei tecnici (administrator), permettendo la creazione e modifica delle macchine virtuali e degli account, sia dalla parte utenti permettendo la visualizzazione di informazioni relative alle loro macchine virtuali e alla modifica dello stato della macchina: start, stop, pause e reboot.

Nel capitolo 2 verrà trattata in modo generale la virtualizzazione definendo

3

gli ambiti di applicazione che si sono susseguiti negli anni, con un relativo affinamento del significato relativo all'ambito specifico, in considerazione dei motivi che hanno portato alla creazione di questa tecnica e ai relativi vantaggi e svantaggi.

Nel successivo capitolo vengono descritti i due principali software utilizzati nella virtualizzazione hardware e il modo in cui gli stessi si approcciano ai problemi che possono sorgere durante l'applicazione della tecnica di virtualizzazione.

Il capitolo 4 fornisce una breve descrizione degli strumenti utilizzati per la creazione della applicazione web. Questa si interfaccia al server VMware ESXi attraverso le API, utilizzando le VMware vSphere web services SDK, le quali necessitano di alcuni specifici strumenti: Java o C++, Axis e Tomcat.

Il capitolo 5 descrive nello specifico, come può essere realizzata l'applicazione web precisando le modalità di installazione dei vari tool e il codice generato; con la trattazione di problemi che si possono incontrare e delle possibili soluzioni applicabili.

Il capitolo 6, infine, trae le conclusioni e cerca di dare un quadro delle possibili applicazioni future.

Capitolo 2

Introduzione alla virtualizzazione

2.1 Definire la virtualizzazione.

La virtualizzazione assume significati differenti a seconda del settore della computer science che si prende in considerazione, nello specifico ci si può riferire col termine virtualizzazione ai seguenti ambiti:

- virtualizzazione hardware: introduce un livello virtuale tra il software in esecuzione e la macchina fisica, in modo da nascondere le caratteristiche fisiche della macchina. Tale livello solitamente è inserito prima del sistema operativo e permette di avere più sistemi operativi in esecuzione sulla stessa macchina fisica;

- macchina virtuale: implementa, tramite software, una macchina fisica ne è un esempio classico la java virtual machine;

- virtualizzazione a livello di sistema operativo: permette attraverso l'uso di un unico sistema operativo di avere più ambienti di lavoro virtuali isolati tra loro;

- memoria virtuale: questa tecnica è utilizzata in quasi tutti i moderni sistemi operativi e serve per far sì che ogni istanza di un software creda di avere un blocco di memoria contiguo, mentre in realtà può essere frammentato;

- storage virtualization: permette di fornire un'interfaccia logica dello storage alle applicazioni in modo da semplificare l'accesso e nascondere possibili complessità a livello fisico;

- rete virtuale: tecnica che permette di creare una rete virtuale che aggrega più di una rete fisica o divide una rete fisica in più sottoreti;

- desktop virtuale: permette l'accesso remoto a un computer, creando un'istanza virtuale della macchina sulla macchina client.

Questo elenco contiene una descrizione sommaria delle diverse voci ma ognuna di essere permette di ottenere delle tecniche differenti con funzionalità diverse. Possiamo affermare che il termine virtualizzazione stia ad indicare tutte quelle tecniche atte a fornire una risorsa virtuale.

Nel corso del presenta lavoro emergerà una definizione più precisa di virtualizzazione hardware proprio.

2.2 Passato e presente della virtualizzazione hardware.

Il termine virtualizzazione venne coniato negli anni '60 e venne inizialmente associato al nome "time sharing"[1]. In particolare fu il prof. Christopher Strachey, allora primo professore di Computazione alla Oxford University, ad utilizzare per la prima volta tale termine nell'articolo 'Time Sharing in Large Fast Computer' [51] riferendosi al concetto di multiprogrammazione.

La necessità di elaborare il concetto di virtualizzazione sorse poichè in quel periodo venivano utilizzati grossi mainframe condivisi tra molti utenti che, a volte, erano sotto utilizzati; per risolvere questo problema si cercò di trovare una soluzione che permettesse più accessi contemporanei allo stesso mainframe, questa funzionalità è uno dei motivi che ha fatto si che la virtualizzazione tornasse in auge nell'ultimo decennio.

Le prime applicazioni di questo concetto si possono trovare nel sistema Atlas[41] e nei sistemi IBM M44/44X, in particolare il sistema Atlas fu il primo

---

[1]Il time-sharing è un approccio all'uso interattivo del processore. L'esecuzione della CPU viene suddivisa in quanti temporali, e quanti diversi della cpu possono corrispondere a utenti diversi.

supercomputer a fare uso dei concetti di time sharing, multiprogrammazione e periferiche condivise, mentre il sistema IBM M44/44X, sviluppato sempre negli stessi anni, fu la prima architettura a coniare il termine macchina virtuale. In particolare era composto da un computer scientifico IBM 7044 e da una serie di macchine virtuali simulate 7044. Successivamente venne sviluppato il VM/CMS che si può considerare il primo sistema operativo capace di fornire a ciascun utente un copia personale del sistema operativo in esecuzione su un unico mainframe.

A partire dagli anni '70, tuttavia, si manifestò sul mercato, in maniera più evidente, la progressiva diminuzione del costo dell'hardware contemporaneamente all'avvento di nuove tecnologie sempre più veloci, fenomeno attualmente ancora in corso; questa evoluzione portò, in quegli anni, all'avvento dei minicomputer, che sono ai nostri giorni i PC[2]. Questi minicomputer avevano una potenza di calcolo inferiore a costi molto inferiori rispetto ai mainframe, questo permetteva di avere un maggior numero di calcolatori in modo da rispondere alla richiesta sempre maggiore di accesso alle risorse di calcolo da parte degli utenti; inoltre, questa minore potenza di calcolo, permetteva un maggior utilizzo delle risorse e quindi la virtualizzazione perse di importanza.

La virtualizzazione è tornata nuovamente di grande interesse a partire dagli anni '90. Nei primi anni di tale decennio la potenza di calcolo dei calcolatori era molto aumentata e vi fu una prima introduzione dei calcolatori multicore, ora presenti in quasi tutti i PC in vendita, che portò ad un sottoutilizzo delle risorse di calcolo. Questo problema di sottoutilizzo unito al problema della rigidità dei singoli SO stimolò la ricerca di una possibile soluzione che venne, appunto, trovata attraverso un nuovo utilizzo della virtualizzazione. Proprio a partire da tale evoluzione si è sviluppato il concetto principale, a cui si può ricollegare la virtualizzazione ai giorni nostri, denominata virtualizzazione x86. Questo concetto di virtualizzazione permette di avere più sistemi operativi in esecuzione su una singola macchina fisica, legata all'architettura x86[3]. Nei giorni nostri, oramai, la virtualizzazione è impiegata nella maggior parte delle sale server e inizia a diffondersi anche sui PC.

---

[2]Personal Computer

[3]L'architettura x86 è un termine generico per indicare un'architettura di microprocessori inizialmente sviluppata e prodotta dall'Intel, il primo processore della famiglia è 8086

2.3   Virtualizzazione hardware.

La virtualizzazione hardware introduce un livello software tra il sistema operativo e la macchina fisica. Il livello software introdotto da questo tipo di virtualizzazione è, solitamente, chiamato hypervisor o virtual machine monitor (VMM).

Il VMM può agire in diversi modi, a seconda di come viene implementato e per quale scopo gli implementatori hanno pensato il software di virtualizzazione. L'articolo di Popek and Goldberg, Formal requirements for virtualizable third generation architectures[50], ci permette di comprendere cosa un buon VMM deve fare, infatti in questo testo si definiscono alcune proprietà che un buon VMM deve soddisfare:

- Equivalenza: il comportamento di un programma eseguito su una macchina virtuale deve essere identico a quello ottenuto su una macchina fisica equivalente.

- Controllo delle risorse: il VMM deve sempre avere il controllo delle risorse virtualizzate.

- Efficienza: la maggior parte delle istruzioni macchina devono poter essere eseguite direttamente sulla macchina fisica senza un intervento specifico da parte del VMM.

Possiamo quindi fare una distinzione tra i software di virtualizzazione hardware presenti sul mercato, questi possono essere suddivisi a grandi linee in Emulation, Full virtualization, Paravirtualization e Operating system-level virtualization; a queste 4 macro categorie si può aggiungere la hardware-assisted virtualization. Nei prossimi paragrafi verranno descritte le singole categorie in maniera più analitica.

2.3.1   Emulation.

Nel caso di emulation il VMM permette a un sistema operativo di essere eseguito senza alcuna modifica, inoltre consente un completo disaccoppiamento tra la macchina fisica e la macchina virtuale necessaria al sistema operativo; spetterà quindi al VMM presentare al sistema operativo virtualizzato una architettura hardware conosciuta dal SO.

L'emulation comporta dei notevoli svantaggi dal punto di vista prestazionale e funzionale, questo perchè è costretto a presentare al sistema operativo una architettura hardware che può anche essere completamente differente dall'architettura reale, questo provoca una perdita di alcune funzionalità messe a disposizione dell'hardware stesso; bisogna anche tenere conto che le differenze tra le architetture potrebbero portare l'emulatore a un pesante lavoro di interfacciamento tra il SO virtualizzato e le interfacce hardware a disposizione (CPU, memoria, I/O).

I problemi principali sorgono per quei sistemi che richiedono una potenza di calcolo e di I/O molto prossima a quella reale, infatti l'emulation comporta un grosso dispendio di risorse che potrebbero portare a un rallentamento eccessivo delle prestazioni.

2.3.2 Full virtualization.

Nella full virtualization il VMM ha un compito molto simile all'emulation in quanto permette a un sistema operativo, non modificato, di funzionare con una macchina fisica virtuale ma, a differenza dell'emulation, il sistema operativo si trova in esecuzione su una macchina virtualizzata che ha il set di istruzioni[4] identico alla macchia fisica reale, un esempio di virtualizzazione hardware è quello di VMware visibile in figura 2.1.

Le caratteristiche indicate permettono l'esecuzione delle istruzioni non a "rischio" direttamente sulla macchina fisica. Le istruzioni ritenute rischiose sono quelle che possono andare a modificare parti non di competenza del sistema operativo virtualizzato; possiamo, pertanto, includere in questo set di istruzioni tutte quelle istruzioni di I/O in generale, quale lettura e scrittura, atte a modificare o leggere lo stato del sistema sia verso memoria che verso dispositivi fisici.

Questo approccio permette un minore rallentamento della macchina virtuale ma obbliga comunque a un continuo controllo delle istruzioni inviate alla CPU.

---

[4]Un instruction set ("insieme d'istruzioni"), o Instruction Set Architecture (ISA), descrive quegli aspetti dell'architettura di un calcolatore che sono visibili al programmatore, tra cui i tipi di dati nativi, le istruzioni, i registri, le modalità di indirizzamento, l'architettura della memoria, la gestione degli interrupt e delle eccezioni, e l'eventuale I/O esterno.

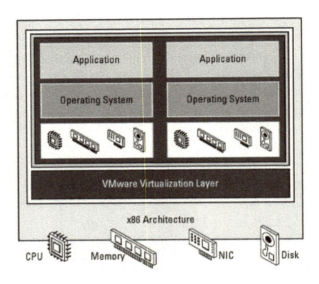

Figura 2.1: Virtualizzazione hardware secondo le specifiche VMware

Intel e AMD, nel 2005 -2006, al fine di agevolare questo tipo di virtualizzazione nelle architetture x86, hanno introdotto delle istruzioni apposite nelle loro CPU, che verranno specificate con maggiori dettagli nel paragrafo riguardante la hardware-assisted virtualization.

I software più recenti che usano la full vitualization sono, ad esempio, VmWare, Parallels Desktop, Virtual Box, Win4Lin, Oracle VM, Virtual PC, Hyper-V, e altri ancora.

2.3.3 Paravirtualization.

Nella paravirtualization il VMM fornisce al sistema operativo un'architettura virtuale non completamente identica a quella reale, in più, per ottenere una maggiore performance, si richiede che il sistema operativo virtualizzato possa essere modificato con specifiche Para-API, nel caso ciò non sia possibile vi è un probabile degrado delle prestazioni del SO virtualizzato.

Le modifiche strutturali apportate alla macchina virtuale non vanno a colpire il livello delle applicazioni e questo permette di mantenere una velocità

10

a livello applicativo molto prossima a quella di un sistema non virtualizzato. Tali modifiche strutturali insieme alle modifiche al SO virtualizzato servono per lo più a intercettare quelle istruzioni che già in precedenza si erano definite a "rischio". In figura 2.2 è possibile vedere un esempio di paravirtualizzazione proposto da Xen.

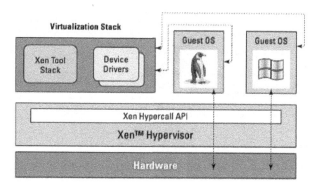

Figura 2.2: Paravirtualizzazione secondo le specifiche Xen

I software più recenti che usano la paravirtualizzazione sono, ad esempio, Xen, L4, TRANGO, Wind Eiver e Xtratum hypervisor.

2.3.4 Operating system-level virtualization.

L'operating system-level virtualization rispetto agli altri tipi di virtualizzazione fino ad ora considerati, non ha un VMM ma molto semplicemente utilizza copie dello stesso sistema operativo che è installato sulla macchina. Questo permette una condivisione del kernel e quindi una maggior efficienza legata sia all'uso delle medesime system call[5] sia ad una minore occupazione di spazio di memoria. Ogni SO virtuale ha, comunque, la possibilità di essere configurato a seconda delle necessità.

Questo approccio non permette l'utilizzo di sistemi operativi differenti, anche solo come versione del kernel[6] (questa considerazione in realtà non ha va-

---

[5]Una system call (in italiano chiamata di sistema) è il meccanismo usato da un programma a livello utente per richiedere un servizio a livello kernel del sistema operativo.

[6]Il kernel costituisce il nucleo di un sistema operativo. Si tratta di un software avente il compito di fornire ai processi in esecuzione sull'elaboratore un accesso sicuro e controllato all'hardware.

11

lenza universale ma comunque si verifica molto frequentemente). Nella fig 2.3 è possibile vedere un esempio di virtualizzazzione a livello di sistema operativo.

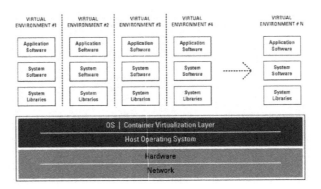

Figura 2.3: Esempio di Operating system-level virtualization

L' operating system-level vitualization, data la parziale condivisione della memoria, può portare ad un minor isolamento dei singoli sistemi operativi.

2.3.5 hardware-assisted virtualization.

L'hardware-assisted virtualization è una tecnica che consiste in un supporto alla virtualizzazione da parte dell'hardware. Questo permette, nei casi di full virtualization, la possibilità di simulare completamente l'hardware con una maggiore efficienza e, nel caso di paravirtualization, la possibilità di non dover modificare il sistema operativo.

Tale tipo di virtualizzazione esisteva già negli anni '70 nell'IBM System/370, ma è solo dal 2006 che si trova sui processori x86 attraverso la tecnologia Intel VT-x[53], per i processori Intel, e AMD-V[39], per quelli AMD.

La tecnologia Intel fornisce un set di istruzioni utilizzabili dal VMM per creare e modificare le macchine virtuali, in più fornisce due livelli di esecuzione del software su una macchina virtuale: root-mode, utilizzata solo dal VMM, e non root-mode. Questa tecnologia permette, inoltre, ad una cpu dotata della tecnologia Intel di agire come se avesse più cpu che lavorano in parallelo.

12

La tecnologia AMD è molto simile a quella Intel e fornisce una buona compatibilità; in aggiunta garantisce alcune funzionalità in più attraverso istruzioni per la gestione della memoria, che Intel affida al VMM.

Le istruzioni di cui stiamo parlando possono essere desunte dall'articolo[50] di cui si è parlato in precedenza; in questo articolo si descrivono le caratteristiche che il livello ISA di un calcolatore deve avere per rispettare le 3 regole precedentemente descritte: equivalenza, controllo delle risorse ed efficienza. L'articolo suddivide le istruzioni del livello ISA in tre categorie:

- Privileged instructions: sono tutte quelle istruzioni che generano delle trap[7] quando il processo è in User mode[8] e tenta di accedere alla memoria virtuale che non appartiene al kernel; mentre vengono eseguite correttamente se il processo è in Supervisor mode[9].

- Control Sensitive instruction: tentano di modificare la configurazione delle risorse del sistema.

- Behaviour sensitive instructions: il comportamento o il risultato di queste istruzioni dipende dalla configurazione delle risorse del sistema.

In conclusione si può dedurre che il comportamento di un calcolatore, che segua le tre regole, possiede un insieme di Privileged instruction, soprainsieme di tutte quelle istruzioni che possono influenzare il corretto funzionamento del VMM; queste ultime appartengano alla categoria delle control sensitive instruction e behaviour sensitive instructions, per cui l'esecuzione di un'istruzione a "rischio" deve generare sempre una trap se eseguita in User mode.

2.4 Vantaggi della virtualizzazione.

L'utilizzo della virtualizzazione si è sviluppata per far fronte ad un scarso utilizzo delle risorse hardware, ma non è questo il solo vantaggio che ha portato a una cosi larga diffusione della virtualizzazione ma ne esistono anche altri alcuni dei quali, esemplificatamene, sono indicati di seguito:

---

[7]La trap è un'interruzione di un programma provocata da condizioni speciali.
[8]Nel nostro caso i processi in user mode sono tutti i sistemi operativi virtualizzati
[9]Nel nostro caso si intendono i processi del VMM.

- Consolidamento e ottimizzazione infrastrutturale: nelle sale server negli anni '90 la tendenza era di avere una macchina fisica per ogni workload[10]; col passare degli anni, l'aumento della potenza di calcolo ha portato a una sottoutilizzazione delle macchine ma grazie alla virtualizzazione si possono portare più workload su una singola macchina fisica aumentando cosi l'utilizzo delle risorse.

- Maggiore disponibilità applicativa e continuità operativa: grazie a un uso oculato delle risorse e ad una buona configurazione di failover[11], si possono avere alti tempi di reazione ai guasti sia fisici che di software dell'infrastruttura; infatti si ha la possibilità di replicare le macchine mantenendole in idle[12] e attivarle solo quando necessario; vi è anche una maggiore disponibilità di ambienti software, caratteristica che si mostra molto vantaggiosa in certi casi come ad esempio nell'ambiente di sviluppo software, dove può essere utile per la fase di verifica di portabilità e funzionalità del software prodotto su diverse piattaforme.

- Gestibilità e sicurezza: permette di monitorare più facilmente l'intera infrastruttura e nel contempo mantenere un alto isolamento tra le macchine virtuali; in questa maniera un problema riscontrato su una macchina virtuale non influisce sulle altre potendo, eventualmente, anche diminuire la percentuale di accesso disponibile dalla macchina virtuale alla rete, alla CPU e ai dispositivi I/O. Bisogna poi tenere conto che ogni workload avrà un proprio ambiente di lavoro completamente isolato dagli altri con le proprie specifiche di sicurezza.

- Riduzione dei costi dell'infrastruttura fisica: grazie alla possibilità di avere p infrastrutture su una singola macchina fisica si ha una riduzione dello spazio utilizzato e questo, soprattutto nel caso in cui ci sia una molteplicità di server, comporta un minor dispendio di energia per l'alimentazione delle macchine e il raffreddamento.

---

[10]Con workload si intende il carico di lavoro

[11]è un sistema di salvataggio nel quale le funzioni di una componente di un sistema (come ad esempio un processore, un server, una rete un database e altri) vengono inviate ad una seconda componente quando la prima ha un problema. Viene utilizzato per rendere i sistemi più resistenti nel caso in cui ci siano errori.

[12]Letteralmente Integrated DeveLopment Environment, cioè inattivo o inattive

Questa descrizione dei vantaggi della virtualizzazione può far pensare che questo software abbia solo pregi, in realtà ha anche una serie di svantaggi: il più importante è il decadimento delle prestazioni. Il VMM, in particolare, è costretto a monitorare in continuazione i vari ambienti e questo causa uno spreco di risorse rispetto all'uso classico (una macchina - un workload); in più la somma media della richiesta delle risorse da parte dei workload può anche essere inferiore alle risorse reali della macchina ma, in caso di picchi contemporanei per richieste delle risorse, può esserci un decadimento delle prestazioni non indifferente, per questo vi è la necessita di studiare in maniera precisa e completa il dispendio di risorse usate dai singoli workload confrontandola con la disponibilità della macchina fisica.

Negli ultimi anni per garantire una migliore gestione delle risorse le aziende produttrici di software di virtualizzazione hanno lavorato per avere la possibilità di infrastrutture gestite in maniera completa, quindi non piò una macchina per più workload ma più macchine per più workload in modo da avere una gestione dei carichi dei lavori più semplice e una maggiore resistenza ai problemi hardware; questo viene realizzato attraverso la tecnica di motion[13] e la replicazione della macchine virtuali.

---

[13]Il motion è una tecnica che permette lo spostamento di una macchina virtuale da un hardware fisico a un altro.

Capitolo 3

Software di virtualizzazione

3.1 Introduzione.

In questo capitolo veranno presentati due dei principali software di virtualizzazione.

Preliminarmente si rende necessario indicare le linee guida di funzionamento dell'architettura IA32[1] sopratutto per la parte che riguarda il meccanismo di protezione a livelli o protection rings.

Il meccanismo di potection rings prevede 4 livelli di privilegio denominati ring che vengono numerati da 0 a 3. L'immagine 3.1 ci mostra come ogni livello preveda uno specifico compito e un specifico livello di autorizzazione; il livello 0 ha pieni poteri sulla cpu mentre il livello 3 ha un accesso ristretto alle risorse, nella realtà solo il livello 0 e il livello 3 sono utilizzati. Il livello 0 è utilizzato dal sistema operativo mentre il livello 3 dalle applicazioni.

3.2 Xen.

Xen[38] è un software di virtualizzazione open-source nato da un progetto di ricerca dell'università di Cambridge, venne introdotto nel 2003 con l'articolo "'Xen and the Art of Virtualization"' [42] e con il contemporaneo rilascio della versione 1.0; attualmente si è giunti alla versione 4.0.

Xen supporta l'architettura x86 a 32bit e 64bit e la tecnologia hardware di virtualizzazione Intel-VTx [5] e AMD-V[1].

---

[1]Con Intel Architecture 32 bit si definisce l'architettura o l'instruction set dei microprocessori prodotti da Intel, AMD e altre compagnie minori per il mercato desktop a partire dal 1985

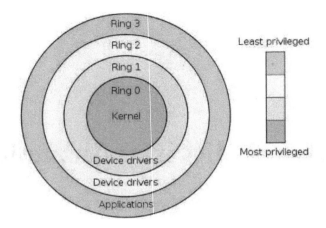

Figura 3.1: Livello di privilegi ad anelli nell'architettura x86

Xen è un software di virtualizzazione che fa ampio uso della paravirtualizzazione ma, nelle ultime versioni, supporta anche la Full virtualization appoggiandosi alle tecnologie fornite da Intel-VTx e AMD-V.

3.2.1 Architettura.

L'architettura di Xen è composta principalmente dai seguenti componenti che sono illustrati in figura 3.2:

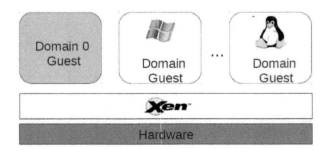

Figura 3.2: Architettura di base di Xen

18

1. Xen Hypervisor si occupa di creare un livello di astrazione che permette la comunicazione tra la macchina fisica e i vari sistemi operativi; si occupa dello scheduling[2] della cpu e della ripartizione della memoria tra le varie macchine virtuali, non si occupa invece delle operazioni di I/O verso la rete, lo storage, il monitor, ecc

2. Domain 0 Guest è una macchina virtuale con sistema operativo Linux con kernel modificato. Questa è l'unica macchina virtuale in funzione sull'hypervisor che ha diritti speciali di accesso alle risorse fisiche di I/O e il diritto di interagire con le altre macchine virtuali denominate Domain U. Domain 0 utilizza due driver per supportare le richieste di accesso allo storage e alla rete da parte dei Domain U PV: il Network Backend Driver e il Block Backend Driver. Il Network Backend Driver processa tutte le richieste di accesso alla rete provenienti dai Domain U. Il Block Backend Driver comunica con i dischi locali e legge o scrive i dati sui volumi in base alle richieste provenienti dai Domain U.

   (a) Domain Management and Control (Xen DM&C); si tratta di una serie di demoni[3] che offrono dei servizi a supporto della gestione e del controllo del Domain 0; si possono elencare brevemente in: Xend, Xm, Xendstored, Libxenctrl, Qemu-dm e Xen Virtual Firmware.

3. Domain U Guest, nell'architettura di Xen sono chiamate con questo nome le macchine virtuali in esecuzione sullo Xen Hypervisor che, pertanto, non hanno accesso diretto alla macchina fisica. I Domain U Guest sono di due tipi:

   (a) I PV Guest sono quelle macchine virtuali che utilizzano la tecnica della paravirtualizzazione. Il loro kernel è stato modificato per ottimizzarne l'esecuzione sullo Xen Hypervisor; si tratta di macchine virtuali con sistemi operativi Linux, Solaris, FreeBSD e altri sistemi open source. I Domain U PV Guest sono "coscienti" che stanno operando sullo Xen Hypervisor e che ci sono altri Domain U in esecuzione, inoltre sono dotati di due driver per gestire le loro operazioni

---

[2]Per scheduling si intende la gestione dell'utilizzo della CPU fisica alla quale accedono le virtual machine.

[3]Un demone e' un processo che viene in genere eseguito durante il boot e che rimane attivo in background offrendo servizi specifici, per esempio, syslogd è il demone che gestisce i log di sistema.

sulla rete e sullo storage che si interfacciano con i driver di back end presenti sul Domain 0.

(b) Gli HVM Guest sono invece delle macchine virtuali completamente virtualizzate in quanto dotate di sistema operativi con kernel non modificabile, ad esempio tutti i sistemi operativi della Microsoft.

I Domain U HVM Guest non hanno i driver di comunicazione con i corrispondenti back end drivers di Domain 0, di conseguenza la comunicazione con le risorse di I/O avviene attraverso un processo speciale chiamato Qemu-dm che viene istanziato su Domain 0. Ogni Domain U HVM Guest in esecuzione dispone di una corrispondente istanza del processo su Domain 0; all'avvio della macchina virtuale viene caricato uno strato software denominato Xen Virtual Firmware e in questo modo la macchina virtuale effettua la procedura di boot come se avesse a disposizione dell'hardware fisico.

3.2.2 Virtualizzazione della CPU.

La virtualizzazione della CPU dipende dal tipo di domain U che si prende in considerazione. Nel caso di domain U PV il sistema operativo guest esegue al Ring 1, il quale permette un maggior isolamento tra i vari sistemi operativi, mentre le istruzione cosiddette "critiche" sono gestite attraverso una speciale hypercall [4], che può essere facilmente gestita dall'hypervisor. Nel caso di domain U HVM, al contrario, il sistema operativo guest esegue direttamente sul Ring0 e le istruzione "critiche" vengono invece gestite attraverso l'assistenza dell'hardware grazie alle tecnologie AMD-V e Intel VTx che permettono in pratica di avere l'hypervisor a livello Ring -1.

Lo scheduling dei processi[5] è una componente importante poiché stabilisce come l'hypervisor debba mettere in relazione le cpu virtuali con quelle fisiche; Xen permette la completa scelta dello scheduler che si preferisce tra quelli che esso stesso mette a disposizione e permette anche di poter definire uno schema personalizzato.

---

[4]La hypercall è l'equivalente delle syscall nei sistemi operativi. Si può quindi definire come una speciale chiamata verso hypervisor

[5]Lo scheduling dei processi si occupa di fare avanzare un processo interrompendone temporaneamente un altro, realizzando così un cambiamento di contesto (context switch).

Tra gli scheduler più utilizzati possiamo menzionare Simple Earliest Deadline First (sEDF), Borrowed virtual Time (BVT) e Credit Scheduler.

Caratteristiche importanti di qualsiasi scheduler sono WC e NWC. Gli scheduler di tipo WC (Work Conserving) cercano di evitare, quanto più possibile, il non utilizzo delle risorse; gli NWC (non-work-conserving) permettono che le risorse della CPU possano rimanere inutilizzate.

Attraverso la definizione appena data possiamo classificare gli scheduler. Lo schema sEDF[45] ha caratteristiche sia WC che NWC, questo schema non viene quasi più utilizzato perchè non garantisce nè fairness[6] nell'assegnazione delle risorse nè un bilanciamento di carico ottimale nei sistemi multiprocessore. Il BVT[46], al contrario, è uno schema di tipo WC la cui caratteristica principale è il tempo di notifica degli eventi ai domini che si presenta molto basso; in particolare, un dominio che riceve un evento, viene privilegiato nell'assegnazione dei cicli di clock utilizzando subito del tempo di CPU che gli sarebbe spettato in futuro. Infine il Credit scheduler permette un bilanciamento automatico dei job che consente una distribuzione ottimale del carico delle CPU virtuali su quelle fisiche; questo tipo di schema è tipicamente WC ma permette di utilizzare alcune impostazioni che limitano l'uso della CPU rendendolo di tipo NWC. Nello specifico permette di porre limiti alla percentuale di CPU utilizzabili da un dominio e permette la riduzione dell'insieme delle CPU disponibili a una CPU virtuale.

3.2.3 Virtualizzazione della memoria.

La virtualizzazione della memoria necessita che vengano regolati tre componenti fondamentali: l'allocazione di nuova memoria verso i domini, l'utilizzo della paginazione e l'uso della segmentazione.

Xen supporta Paravirtualizzazione e Full Virtualization e, poichè le due tecnologie sono differenti, la virtualizzazione della memoria viene implementata in modi diversi.

L'allocazione della memoria avviene in più fasi. In fase di boot del sistema Xen alloca una parte di memoria per sè, che varia a seconda dell'architettura, e ne riserva un'altra che sarà poi accessibile da Ring1, dove verranno poi posizio-

---

[6]Fairness (equità) processi dello stesso tipo devono avere trattamenti simili, evitando situazioni di starvation

nati i kernel dei sistemi operativi paravirtualizzati. Vedi fig 3.3 per architettura a 32bit con e senza PAE[7] e 3.4 per architettura 64bit.

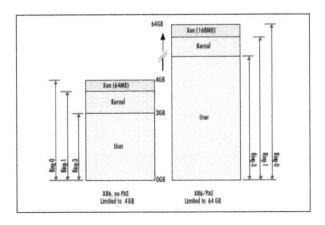

Figura 3.3: Allocazione della memoria di Xen per architetture a 32bit con e senza PAE

In fase di creazione dei singoli domini la memoria viene partizionata e allocata statisticamente. Inoltre per i guest paravirtualizzati è disponibile una tecnica di allocazione dinamica chiamata balloon driver[52]; in pratica ciascun dominio ha una quantità massima di memoria disponibile e, attraverso, la balloon driver questa memoria può essere utilizzata o rilasciata per altri guest. In questo modo si permette di avere un quantitativo di memoria virtualmente disponibile maggiore di quella fisica, inoltre, grazie alla Trascentend Memory[12], recentemente introdotta, si ha un incremento delle prestazioni per l'allocazione dinamica della memoria. Infatti la Trascendent memory è composta da due punti fondamentali: una collezione di memoria del sistema in idle, quindi sottoutilizzata, e delle API che permettono un accesso indiretto a quella memoria.

Xen non può garantire l'assegnazione di memoria contigua mentre la maggior parte dei sistemi operativi attendono una assegnazione della memoria lineare, questo problema è gestito differentemente a seconda di paravirtualizzazione e di full virtualization. In caso di full virtualization il processo di accesso alla

---

[7]Physical Address Extension, e una tecnologia sviluppata sui processori x86 a partire dal Pentium Pro che aumenta da 4GB a 64GB la quantita di memoria indirizzabile.

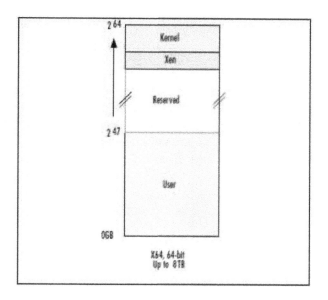

Figura 3.4: Allocazione della memoria di Xen per architetture a 64bit

memoria deve essere trasparente e le apposite system call, introdotte con Intel-VTx e AMD-V, si occupano di restituire il controllo all'hypervisor per il calcolo dell'indirizzo reale rispetto a quello virtuale. Nel caso di paravirtualizzazione l'hypervisor richiede una collaborazione da parte del sistema operativo guest permettendo quindi la traduzione dall'indirizzo virtuale a quello fisico attraverso due tabelle di traduzione.

Una funzionalità introdotta nell'ultima versione è la Page Sharing[48] che permette la condivisione delle pagine di memoria ritenute identiche; la verifica avviene attraverso il calcolo di una funzione Hash[8] sulla pagina: in caso di identità la pagina viene condivisa e, solo in caso di richiesta di scrittura, viene persa la condivisione con relativa duplicazione della pagina stessa.

---

[8]la funzione hash è una funzione non iniettiva che mappa una stringa di lunghezza arbitraria in una stringa di lunghezza predefinita

3.2.4 Virtualizzazione dell'I/O.

La virtualizzazione delle periferiche di I/O può essere realizzata in vari modi e con diversi gradi di efficienza; la diversificazione maggiore avviene tra il domain U PV e il domain U HVM nei quali l'architettura interna non varia ma sono differenti le modalità con cui le varie componenti software dialogano.

Xen non fornire l'accesso diretto alle periferiche hardware ma esporta, per ciascun dominio, un sottoinsieme e fornisce una visione virtualizzata; le periferiche vengono esportate come class devices, o periferiche generiche, e non come modelli specifici di hardware. L'interazione con tali device avviene mediante un meccanismo di traduzione posto tra i domini e l'hypervisor e fa uso di un'architettura denominata split device driver. Tale architettura, come mostrato in Figura 3.5, identifica due tipologie di driver che comunicano e cooperano tra loro: il frontend driver, situato nei domU, ed il backend driver che esegue nel dom0 e può accedere fisicamente all'hardware.

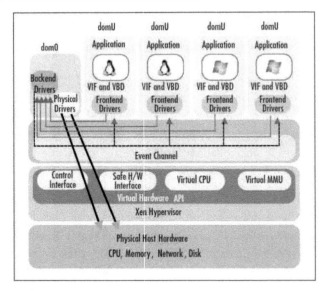

Figura 3.5: Architettura split device driver di Xen

La differenza tra paravirtualizzazione e full virtualization risiede nella modalità con cui il frontend driver e il backend driver comunicano fra loro.

24

3.3 VMware ESX Server 4i.

VMware ESXi[16] è la versione gratuita del software di virtualizzazione hardware VMware ESX. VMware ESXi4 utilizza la full virtualization ed è disponibile solo per piattaforme x86 a 64bit, a differenza della versione precedente che funzionava su hardware a 32 bit.

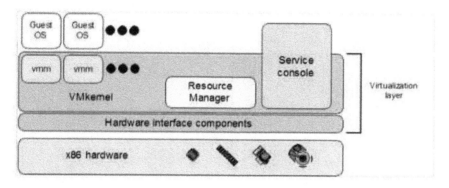

Figura 3.6: Architettura base della virtualizzazione attraverso VMware

3.3.1 Architettura.

I principali componenti logici, che possiamo notare anche in figura 3.6, su cui si basa l'architettura di ESX Server, sono:

1. Virtualization layer presenta alla macchina virtuale un ambiente hardware esclusivo virtualizzando l'hardware fisico con propria CPU, memoria ed I/O. Ogni macchina virtuale vede il proprio ambiente isolato da quello delle altre macchine virtuali in esecuzione sul medesimo host. All'interno dei Virtualization layer possiamo trovare il VMkernel ed il VMM, virtual machine monitor. Il VMkernel controlla e gestisce le risorse messe a disposizione dall'host fisico. Il VMM implementa la CPU virtuale di ogni macchina virtuale alla quale associa il rispettivo Virtual Machine Monitor. Il Resource manager e l'hardware interface component sono implementati all'interno del VMkernel.

25

2. Il Resource manager è il componente incaricato dell'allocazione, tra le macchine virtuali in esecuzione, delle risorse dell'host fisico, della CPU, della memoria, dell'accesso al disco e alla rete.

3. L'Hardware interface component ha il compito di permettere la comunicazione tra il VMkernel e i device hardware sottostanti; in questo strato sono inclusi i device driver e la gestione del file system proprietario di ESX chiamato VMFS.

4. La Service console, nella versione ESXi, è nascosta ed è ridotta la sua funzionalità. Nella versione ESX è il componente incaricato del boot del sistema, dell'avvio dei servizi del virtualization layer e dell'amministrazione delle macchine virtuali; si può ritenere che nella versione ESXi mantenga le funzioni di primaria importanza ma, essendo nascosta, perda tutte quelle che riguardano la configurazione.

3.3.2 Virtualizzazione della CPU.

Il virtual machine monitor (VMM) presenta a ciascuna macchina virtuale la propria CPU o il proprio set di CPU, che chiameremo CPU virtuale, per distinguerla dalla CPU fisica dell'host. La CPU virtuale è una vera e propria CPU, dotata di registri e control set che riproduce la CPU fisica presente sull'host.

Nell'ambiente virtualizzato con VMware ESXi il ring 0 è riservato al vmkernel dato che alcune istruzioni privilegiate possono essere invocate solo dal suo interno, mentre il sistema operativo guest è spostato su ring1.

Nel caso in cui la macchina virtuale tenti di eseguire un'istruzione privilegiata, viene invocata una trap e viene presa in carico dal VMM che la gestisce nel modo opportuno. Tuttavia l'approccio di gestione della trap non è sufficiente a risolvere tutti i casi, dato che nell'architettura IA32 ci sono delle istruzioni che possono essere lanciate da ring meno privilegiati che accedono direttamente ai registri della CPU senza sollevare trap. Queste istruzioni "rischiose" generano un grosso overhead[9] di elaborazione per il VMM che utilizza una tecnica di traduzione chiamata binary translation. Essa consiste nel sostituire l'istruzione invocata dal sistema operativa guest con un'altra semanticamente equivalente.

---

[9]Con overhead si intendono l'impiego di risorse accessorie richieste in sovrappiù rispetto a quelle strettamente necessarie

26

Le istruzioni, che non creano alcuna controindicazione, possono essere eseguite dal VMM direttamente sul processore fisico. Questa tecnica, detta direct execution, crea un overhead minimo garantendo performance della macchina virtuale quasi uguali a quelle di un sistema operativo installato sulla macchina fisica. Fortunatamente nella maggioranza dei casi le istruzione non privilegiate e il codice applicativo vengono eseguite in modalità direct execution garantendo alla macchina virtuale ottime performance.

Merita di essere messo in evidenza come la tecnica del direct execution impone il limite di portabilità "a caldo" delle macchine virtuali tra host fisici che condividono lo stesso instruction set; ad esempio, è impossibile garantire la migrazione di una macchina virtuale creata per una ambiente con processore Intel su un ambiente con processore AMD.

L'overhead introdotto dal binary translation è stato ridotto grazie alle nuove tecnologie di Intel e AMD per il supporto della virtualizzazione. Intel ha reso disponibile il supporto alla virtualizzazione nelle CPU Xeon e Itanium con le tecnologie Intel VT-x e Intel VT-i. Queste tecnologie hanno lo scopo di limitare, o addirittura eliminare, l'intervento del VMM liberando cicli di CPU e di gestire il cambiamento di contesto tra i sistemi operativi guest, il VMM ed, eventualmente, la service console.

Una nuova modalità operativa, denominata VMX Root, fa si che il VMM venga eseguito con privilegi massimi, eliminando la necessità di de-privilegiare il kernel del sistema operativo guest, che opera nella modalità VMX non-root; entrambe le modalità supportano i quattro livelli di privilegio da ring 0 a 3. In questo modo il kernel del sistema operativo guest potrà lavorare nel ring 0 eliminando la necessità che il VMM mascheri il livello di privilegio in alcune chiamate di sistema.

Due ulteriori transazioni di stato sono state introdotte: la transizione da VMX Root operation mode a VMX non-root operation mode, chiamata VM entry, e la transizione da VMX non-root operation mode a VMX root operation mode, detta VM exit; VM entry e VM exit sono gestite da una struttura dati chiamata Virtual machine Control Structure (VMCS). La VMCS contiene due aree: la guest-state area e la host-state area. La VM entry carica nei registri della CPU lo stato presente nella guest-state area e la VM exit salva lo stato della CPU nella guest state area e carica lo stato della host-state area.

Un'altra funzionalità introdotta nella tecnologia Intel VT-x è chiamata Flex Migration e consente la migrazione delle macchine virtuali tra server fisici con diversi modelli di processori Intel, anche nel caso in cui le future CPU disporranno di instruction set ampliate.

La tecnologia adottata da AMD per supportare a livello hardware la virtualizzazione è chiamata AMD-V e consiste in un insieme di estensioni hardware all'architettura x86 per ridurre, e in alcuni casi eliminare, l'intervento del VMM. La Direct Connect Architecture ha lo scopo di aumentare le prestazioni eliminando il collo di bottiglia rappresentato dall'architettura con front side bus (FSB) utilizzata nella maggior parte dei processori Intel Xeon; solo di recente Intel sta sostituendo la tecnologia del FSB .

L'offerta di AMD consiste di tre elementi:

- un controller della memoria integrato in ciascun processore che connette i core ad un area di memoria dedicata;

- un bus con una tecnologia denominata HyperTransport Link in uscita da ciascun controller I/O come PCI o PCI-X;

- un bus con la stessa tecnologia che collega i processori.

Questi bus dedicati punto a punto evitano la gestione dell'arbitraggio sull'utilizzo e riducono i tempi di latenza minimi per l'accesso alla memoria incrementando le prestazioni nei sistemi multiprocessore che fanno uso dell'architettura Non-Uniform Memory Access (NUMA). Vmware supporta la tecnologia NUMA.

Altri elementi introdotti con l'architettura AMD-V sono la Rapid Virtualization Indexing (RVI) e il TLB Tagging che forniscono un supporto all'accesso della memoria e che saranno descritti più avanti. Anche AMD ha introdotto una caratteristica denominata AMD-V Extended Migration, che consente la migrazione a caldo delle macchine virtuali tra tutti i processori AMD Opteron.

Passando ad ESXi server questo fornisce un tempo di CPU proporzionale a un indice assegnato ad ogni macchina virtuale. Questo indice è chiamato share. Lo share è utilizzato per l'allocazione anche di altre risorse hardware condivise, tuttavia, se per qualche motivo una macchina virtuale non utilizza il tempo di CPU a essa assegnato, questo viene distribuito tra le macchine attive.

Lo scheduler della CPU è in grado di migrare la CPU virtuale su differenti processori fisici per garantire che il sistema operativo guest abbia il necessario tempo di CPU. Bisogna sottolineare che, in un determinato istante temporale, lo stato del processore fisico rispecchia lo stato di uno, e uno solo, processore virtuale.

Nel caso di macchine virtuali multiprocessore, i processori virtuali di una singola macchina ricevono la stessa schedulazione temporale e ciascun processore virtuale è mappato univocamente con uno dei core dei processori fisici presenti per garantire l'esecuzione simultanea delle istruzioni, dando la sensazione alla macchina virtuale di disporre di un proprio hardware multiprocessore.

3.3.3 Virtualizzazione della memoria.

Il vmkernel gestisce tutta la memoria fisica presente sull'host ad esclusione di quella allocata dalla service console. Una parte di tale memoria fisica è a suo uso esclusivo mentre la rimanente viene posta a disposizione delle macchine virtuali e dei corrispondenti VMM (Virtual Machine Monitor).

I sistemi operativi in esecuzione sulle macchine virtuali hanno la gestione della propria memoria virtuale attraverso il processo di paginazione. La tecnica della paginazione consiste nel realizzare un'area di memoria virtuale sul disco e una mappa di memoria che crea una corrispondenza tra gli indirizzi della memoria fisica e gli indirizzi della memoria virtuale su disco. Questa mappa è gestita da un componente hardware chiamata Memory Management Unit (MMU). Nell'architettura IA32 è presente anche un'ulteriore tecnica di gestione della memoria virtuale, detta segmentazione, che consente la mappatura di spazi multipli di indirizzamento.

Nell'ambiente di virtualizzazione, dato che più sistemi operativi guest possono accedere alla stessa memoria fisica, si aggiunge un nuovo livello di indirizzamento. Il VMM gestisce una mappatura tra gli indirizzi della memoria fisica dell'host e gli indirizzi della memoria "fisica" della macchina virtuale. Ogni macchina virtuale vede uno spazio di indirizzamento contiguo con inizio dall'indirizzo 0; non è necessario che anche lo spazio di indirizzamento sulla macchina fisica sia contiguo. Il VMM intercetta tutte le istruzioni che modificano la struttura della memoria affinchè la stato della memory management unit non possa essere alterato dalla macchina virtuale.

ESXi Server gestisce una MMU software utilizzando una tecnica detta shadow page table.

Il supporto alla virtualizzazione di AMD e Intel ha notevolmente ridotto il lavoro svolto dal VMM dato che, la mappatura tra le pagine di memoria della macchina virtuale e le pagine di memoria della macchina fisica, sono gestite in hardware.

Con la tecnica delle shadow pages, visibile in figura 3.7, il VMM mantiene al suo interno la mappatura tra l'indirizzo delle logical pages e l'indirizzo delle machine pages e la memorizza in una tabella detta shadow page table esattamente come avviene normalmente nel caso in cui il sistema operativo sia installato direttamente sull'host fisico; le più recenti mappature tra logical pages e machine pages sono salvate nel Translation Lookaside Buffer (TLB).

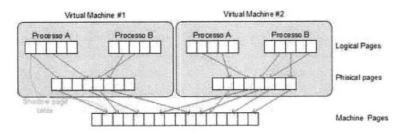

Figura 3.7: Mappatura della memoria con la shadow page table e MMU software

Il VMM mantiene la tabella delle shadow pages sincronizzata con la tabella della pagine del sistema operativo guest, affinchè i processi in esecuzione sul sistema operativo guest accedano agli indirizzi delle machine pages. Questa sincronizzazione introduce un overhead di elaborazione ogni volta che il sistema operativo guest aggiorna la propria page table.

Al contrario, nel caso di supporto hardware alla virtualizzazione il sistema viene gestito diversamente. AMD, ad esempio, ha introdotto in alcuni modelli di processore una tecnologie denominata Rapid Virtualization Indexing (RVI) che incorpora la virtualizzazione della MMU rendendo inutile la tecnica delle shadow pages ed espandendo il Translation Lookaside Buffer, come visibile in fig 3.8.

Il sistema operativo guest, utilizzando RVI, mantiene la sua mappatura tra gli indirizzi delle logical pages e gli indirizzi delle phisical pages nella propria page table e il VMM gestisce l'ulteriore livello di mappatura tra le phisical pages

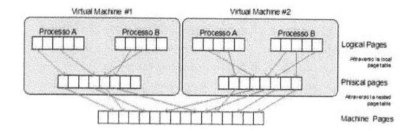

Figura 3.8: Mappatura della memoria con supporto hardware della MMU

e le machine pages, denominato nested page table. In questo caso sia le page table del sistema guest che la nested page table sono rivelate all'hardware.

Quando si accede ad un indirizzo delle logical pages l'hardware controlla la guest page table e, per ogni indirizzo di phisical page al quale si accede, effettua un secondo controllo delle nested page table per determinare l'effettivo indirizzo della machine page. In questo modo si elimina la necessità di gestire la shadow page table e la sincronizzazione della guest page table. In questo caso, tuttavia, si raddoppia il costo a causa dell'accesso alle due tabelle ma, utilizzando pagine di dimensioni maggiori, si può ridurre il numero di letture delle pagine di memoria e ottenere prestazioni decisamente superiori a quelle offerte dalla soluzione software.

L'espansione del TLB, che consiste nell'inserimento di uno specifico tag per identificare a quale macchina virtuale sono associate le informazioni contenute sul TLB, permette di migliorare ulteriormente le prestazioni di accesso alla memoria delle macchine virtuali.

ESXi server alloca a ciascuna macchina virtuale la quantità di memoria specificata durante la fase della sua creazione; tuttavia è possibile creare macchine virtuali la cui somma della memoria specificata per ciascuna macchina, supera la quantità di memoria fisica disponibile. In questo caso si parla di overcommitment.

Nella situazione di overcommitment il vmkernel assegna ad ogni macchina virtuale in esecuzione una quantità di memoria intermedia tra la reservation[10]ed

---

[10]La reservation è la quantità di memoria che l'utente stabilisce debba essere riservata ad una specifica macchina virtuale.

il limit[11]utilizzando un coefficiente di priorità chiamato share; maggiore è la share maggiore è la priorità assegnata alla macchina virtuale.

La quantità di memoria che il vmkernel assegna alla macchina virtuale al di sopra della reservation varia in funzione del suo carico di lavoro. Le tecniche utilizzate per l'allocazione dinamica della memoria tra le macchine virtuali sono due. La prima è il balloon driver che collabora con il server per recuperare le pagine di memoria che il sistema operativo guest considera di minore importanza. Questo agisce come un programma che aumenta o diminuisce la sua richiesta di pagine di memoria forzando il sistema guest ad utilizzare il suo algoritmo di gestione della memoria; quando la memoria è insufficiente il sistema operativo ne reclama e, se necessario, effettua swap su disco.

La seconda tecnica è quella dello swapping che viene utilizzata quando non è presente il balloon driver come, ad esempio, durante la fase di avvio della macchina virtuale prima del caricamento del driver o nel caso che non siano installati i VMware tools. La swapping consiste semplicemente nel creare un file di swap che, per impostazione predefinita, è localizzato nel volume logico dove è presente il file di configurazione della macchina virtuale. Questa tecnica causa una perdita di prestazione.

Il vmkernel implementa anche una tecnica che permette la condivisione delle pagine di memoria tra le macchine virtuali per ridurre la quantità di memoria necessaria, questo avviene effettuando una scansione delle pagine presenti in memoria e calcolandone l'hash. Nel caso di hash corrispondenti la tecnica blocca la pagina in sola lettura e, successivamente, se una macchina virtuale tenta di modificare le pagine di memoria in sola lettura, il vmkernel ne crea immediatamente una copia con permessi di lettura e scrittura.

Questa tecnica permette di ridurre significativamente l'utilizzo di memoria dato che frequentemente le macchine virtuali eseguono lo stesso sistema operativo, ma crea un'inevitabile overhead di elaborazione.

3.3.4   Virtualizzazione dell'I/O.

Il vmkernel è responsabile anche dell'accesso delle macchine virtuali allo storage e alla rete. In fig 3.9 è visibile un esempio del percorso di accesso allo storage e alla rete nei sistemi di virtualizzazione VMware. Lo spazio della memoria

---

[11]Il limit è la quantità di memoria che l'utente definisce essere il limite di utilizzo di una macchina virtuale.

di massa, destinata a una macchina virtuale, viene visto come un disco SCSI collegato a un controller SCSI BusLogic o LSILogic, senza che la macchina virtuale si accorga se la memoria di massa è situata su un disco locale, su un NAS ISCSI, su una LUN di una SAN collegata in Fiber Channel o altro. I dischi virtuali sono file creati sul volume logico formattato con il file system vmfs e sono gestiti dal sistema operativo guest utilizzando i propri driver.

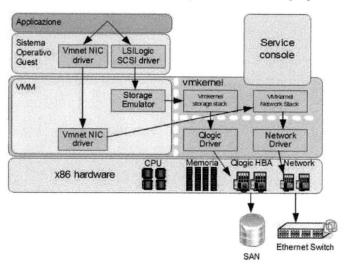

Figura 3.9: Percorso di accesso allo storage e alla rete nei sistemi VMware

La virtualizzazione della (o delle) scheda di rete è fatta presentando al sistema operativo una scheda di rete emulata di tipo AMD Lance o PCNet gestita dal SO attraverso un driver.

L'emulazione PCNet è quella utilizzata più di frequente poiché permette ampiezze di banda superiori; ad ogni scheda di rete virtuale è associato un MAC Address generato dal sistema o, eventualmente, inserito manualmente. Il tagging delle VLAN può essere gestito manualmente. Ogni scheda di rete virtuale è poi associata a un virtual switch che funziona da bridge verso l'interfaccia fisica.

La metodologia di allocazione delle risorse segue il principio di allocazione proporzionale allo share stabilito per la macchina virtuale e analogamente

33

vengono gestiti gli stati di inattività delle macchine virtuali.

Capitolo 4

Ambiente di lavoro

4.1 VMware vSphere web services SDK.

VMware[28] mette a disposizione varie API ed SDK per varie applicazioni e obiettivi. Le VMware vSphere web services SDK[23] permettono di creare un'applicazione client per gestire i componenti di VMware vSphere disponibili su VMware ESX, VMware ESXi e VMware vCenter Server systems. Queste SDK offrono un accesso al virtual datacenter permettendo un supporto alle applicazioni di virtualizzazione, alla gestione della rete, dello storage e di tutte le risorse accessibili tramite il dataceter. I componenti visibili dal punto di vista di vSphere si possono notare in figura 4.1.

4.1.1 vSphere Object Model

VMware vSphere object model è un insieme di oggetti server-side che permette la completa gestione dell'infrastruttura IT. Questo object model include una service interfaces per la gestione, la configurazione, l'ottenimento di informazioni ed il controllo dell'intero ciclo di vita delle operazioni associate alla infrastruttura virtuale.

L'oggetto più importante è il *ServiceContent*, da esso è possibile accedere alla service interface e all'intero inventario di oggetti supportati dal server. Gli oggetti disponibili attraverso il *ServiceContent* sono visibili in tabella 4.1.

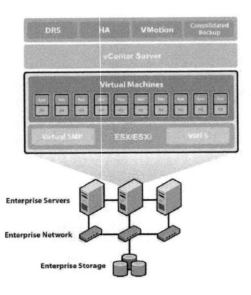

Figura 4.1: Architettura dei componenti visibile attraverso VMware vSphere

Property name	Type	ESX
about	AboutInfo	about
accountManager	ManagedObjectReference: HostLocalAccountManager	ha-localacctmgr
authorizationManager	ManagedObjectReference: AuthorizationManager	ha-authmgr
diagnosticManager	ManagedObjectReference: DiagnosticManager	ha-diagnosticmgr
eventManager	ManagedObjectReference: EventManager	ha-eventmgr
fileManager	ManagedObjectReference: FileManager	ha-nfc-file-manager
licenseManager	ManagedObjectReference: LicenseManager	ha-license-manager
perfManager	ManagedObjectReference: PerformanceManager	ha-perfmgr

continua Tab. 4.1

36

Property name	Type	ESX
propertyCollector	ManagedObjectReference: PropertyCollector	ha-property-collector
rootFolder	ManagedObjectReference: Folder	ha-folder-root
searchIndex	ManagedObjectReference: SearchIndex	ha-searchindex
sessionManager	ManagedObjectReference: SessionManager	ha-sessionmgr
setting	ManagedObjectReference: OptionManager	HostAgentSettings
taskManager	ManagedObjectReference: TaskManager	ha-taskmgr
userDirectory	ManagedObjectReference: UserDirectory	ha-user-directory
viewManager	ManagedObjectReference: ViewManager	ViewManager
virtualDiskManager	ManagedObjectReference: VirtualDiskManager	ha-vdiskmanager

Tabella 4.1: ServiceContent Property Names, Return Types, and Values

Il vSphere Object Model può anche essere visto come una struttura dati composta di due categorie:

- Il Managed object types è una struttura dati contenente proprietà e operazioni. Le operazioni supportano specifici comportamenti ai quali aderiscono completamente; per esempio il virtual machine managed object types supporta la funzione di power-on power-off della virtual machine, insieme ad altre funzioni di controllo del sistema operativo ospite, per esempio reboot.

- Il data object types contiene solo le proprietà ed è disegnato in maniera analoga alle strutture (struct) in C o agli abstract data types in java.

Le proprietà dei managed object type sono definite come dei type primitivi pertanto possono essere stringhe o interi o altri dati specifici; possono quindi avere un valore specifico oppure contenere un'instanza di un altro managed object type.

Il managed object type è il cuore della struttura dati del modello a oggetti del server, esso contiene le proprietà del server e permette operazioni su di esse. I managed object sono molteplici e ognuno di essi offre operazioni differenti.

Il managed object type include le seguenti categorie di oggetti:

- I managed object che estendono le *ManagedEntity*, questo tipo di managed object type si riferisce genericamente alle "managed entities". Le managed entities compongono l'inventario dei componenti virtuali; per esempio l'istanza del sistema ospite (*HostSystem*), delle macchine virtuali (*VirtualMachine*) e del datastore (*Datastore*) appartengono all'inventario dei componenti virtuali ed estendono la managed entity (*ManagedEntity*).

- Il managed object che comprende l'interfaccia per vSphere management service; per esempio, *PerformanceManager* fornisce l'interfaccia per il sistema di monitoraggio delle performance. *DistributedVirtualSwitchManager* fornisce l'interfaccia per gestire il *DistributedVirtualSwitch* managed object. *AlarmManager* è il servizio di interfaccia per impostare gli allarmi e per rispondere ad eventi o cambiamenti di stato su specifiche managed entity.

- I Managed object il cui ciclo di vita dipende o esiste solamente nel contesto di un altro tipo di managed object o di un servizio di interfaccia; per esempio le istanze dei *Task* managed object sono restituite da chiamate di un metodo sulla maggioranza dei managed object nel sistema. *PropertyFilter* è un tipo di managed object associato a un'istanza di *PropertyCollector*. *HostNetworkSystem* managed object sono associati con specifiche istanze del *HostSystem* managed object.

Il *ServiceInstance* è il managed object attraverso il quale si possono ottenere tutte le interfacce e gli oggetti presenti sul server. Ogni interazione con il server passa attraverso il *ServiceInstance*.

Per comprendere meglio la relazione tra il *ServiceInstance*, il *ServiceContent* e alcuni managed object possiamo guardare la figura 4.2, mentre la figura 4.3 mostra un diagramma UML dettagliato.

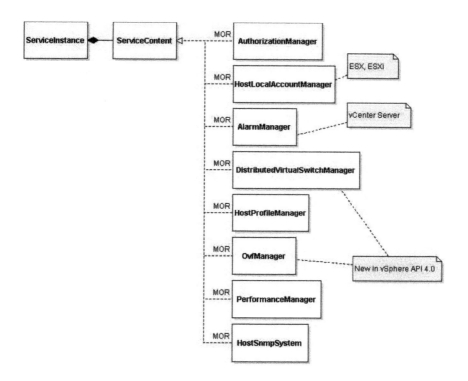

Figura 4.2: Un semplice diagramma UML che rappresenta la relazione tra ServiceInstance Managed Object, ServiceContent Data Object e alcuni managed object references (MOR)

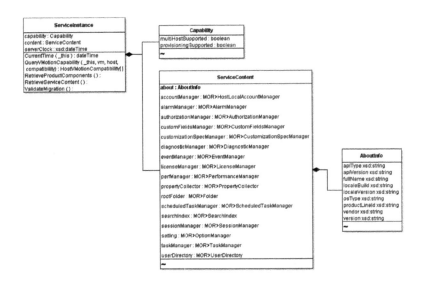

Figura 4.3: Il ServiceInstance Managed Object Type e alcune delle sue proprietà

L'operazione di ottenere informazioni e modificare i valori sul server avviene attraverso il passaggio di un'istanza riferita a uno specifico managed object, *ManagedObjectReference*; per creare questa istanza si utilizzano più data object che andranno a comporre il *ManagedObjectReference*.

4.1.2 L'inventory: elementi essenziali

Il vSphere inventory comprende le caratteristiche virtuali del server riguardanti datacenters, hosts, virtual machine, virtual applications, storage, networks ed altro ancora. L'inventory è composta da managed object di tipo astratto chiamati *ManagedEntity*. La classe ManagedEntity viene estesa da tutti i componenti che fanno parte dell'inventory visibili nella figura 4.4.

Ogni sottotipo dei *ManagedEntity*, oltre ad avere le caratteristiche comuni, ha anche caratteristiche specifiche del *ManagedEntity*; per esempio *HostSystem* ha le proprie operazioni *EnterMaintenanceMode_Task* che non appartengono a nessun altra entità. Le entità vengono create in vari modi: alcune vengono generate automaticamente alla prima istallazione dei software, altre invece sono

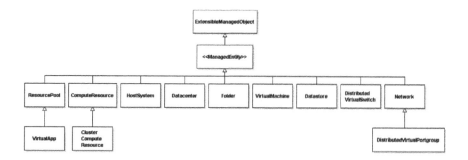

Figura 4.4: ManagedEntity and ManagedEntity subtypes

generate attraverso i possibili vSphere Client o usando le API.

Alcune entità possono essere genericamente chiamate contenitori di oggetti, esse servono per organizzare gli oggetti specifici, allocare le risorse e delegare l'amministrazione; per esempio *Folder*, *Datacenter* e *VirtualApp* fanno parte di questi oggetti atti all'organizzazione dell'inventory.

Ogni entità è regolata da specifici permessi sia in lettura che in scrittura, quindi, a seconda dell'operazione che si desidera fare, bisogna avere i permessi adeguati; per esempio per poter accedere ad una funzione di Datacenter.Create bisogna avere il permesso di tipo Host.Config.Connection, per avere tutte le informazioni riguardanti il collegamento tra la funzione richiesta e il relativo permesso si possono andare a vedere le relative vSphere API Reference[24]. Vedremo in seguito nel dettaglio il sistema di autorizzazione.

4.1.3 Modello utenti e concetti di accesso al server.

Vmware vSphere implementa dei meccanismi per rendere sicuro l'accesso all'infrastruttura virtuale.

Gli oggetti messi a disposizione da VMware vSphere per autenticare gli utenti sono:

- L'*HostLocalAccountManager* è usato per creare e gestire gli account degli utenti e dei gruppi ed effettuare altre operazioni attinenti, il diagramma UML è visibile in fig 4.5.

41

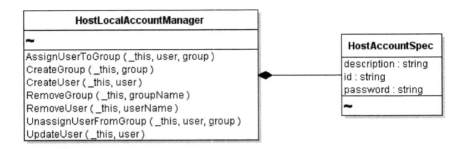

Figura 4.5: HostLocalAccountManager Managed Object

- Il *SessionManager* fornisce un'interfaccia verso l'infrastruttura su cui ci si vuole autenticare; sono supportati tutti gli account definiti sull'host system. Le operazioni disponibili sono log-in sul server, ottenere una sessione e log-out. La sessione può essere memorizzata e utilizzata per successive query sul server, il diagramma UML è visibile in fig 4.6.

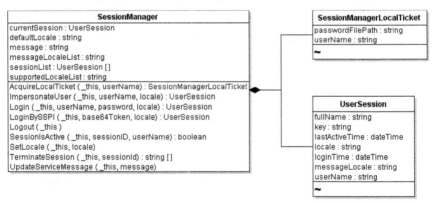

Figura 4.6: SessionManager Managed Object

- L'*AuthorizationManager* protegge i componenti di VMware vSphere da accessi non autorizzati, inoltre fornisce delle operazioni per creare nuovi ruoli, modificare i ruoli degli utenti, impostare i permessi sulle entità e gestire gli altri aspetti delle relazioni dei managed object, il diagramma UML è visibile in fig 4.7.

42

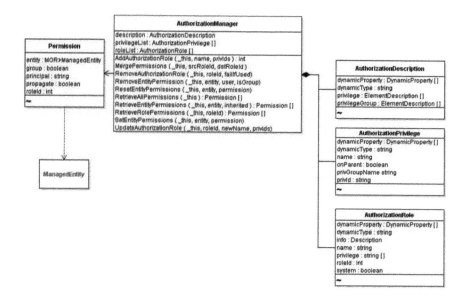

Figura 4.7: AuthorizationManager Managed Object

- L'*UserDirectory* fornisce dei meccanismi per ottenere informazioni sugli account utente attraverso l'*AuthorizationManager*, il diagramma UML è visibile in fig 4.8.

Questi servizi lavorano insieme per permettere che solo gli utenti autorizzati possano connettersi all'ESXi server per visualizzare e modificare solo gli oggetti di cui detengono le relative autorizzazioni di visualizzazione o modifica.

La gestione dei privilegi viene definita da ruoli, nei quali vengono raggruppati uno o più privilegi. Ci sono due tipi di ruoli:

- il System roles che non può essere modificato o cancellato;

- l'user role che può essere applicato a differenti insiemi di utenti o restringere accessi a tools, è possibile creare nuovi user roles.

La tabella 4.2 riassume i system e gli user roles.

43

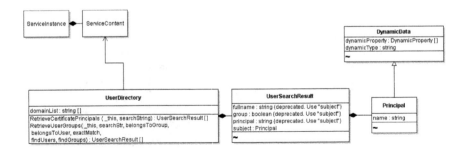

Figura 4.8: UserDirectory Managed Object

Type	Role name	Role ID	Description
System roles	Administrator	-1	Super-user access. Encompasses the set of all defined privileges. Privileges Granted to the Administrator Role. This role cannot be deleted. By default, the Administrator role is granted to the user or group that owns the root node.
	Anonymous	-4	Cannot be granted. Default access role associated with any user account that has logged in.
	No Access	-5	No access. Explicitly denies access to the user or group with this role. Assigning this role to a user account prevents the user from seeing any objects. Use the No Access role to mask sub-objects under a higher-level object that has propagated permissions defined.
	Read-Only	-2	Read-only access. Encompasses the set of all non-mutable privileges. ($System.Anonymous$, $System.Read$, and $System.View$). Equivalent to a user-role with no permissions. Users with this role can read data or properties and invoke query methods, but cannot make any changes to the system.
	View	-3	Visibility access consisting of $System.Anonymous$ and emphSystem.View privileges. Cannot be granted.

continua Tab. 4.2

44

Type	Role name	Role ID	Description
User roles	Virtual Machine Administrator	1	Set of privileges necessary to manage virtual machines and hosts within the system.
	Datacenter Administrator	2	Set of privileges necessary to manage resources but not interact with virtual machines.
	Virtual Machine Provider	3	Set of privileges necessary to provision resources.
	Virtual Machine Power User	4	Set of privileges for a virtual machine user that can also make configuration changes and create new virtual machines.
	Virtual Machine User	5	Set of privileges necessary to use virtual machines only. Cannot reconfigure virtual machines.
	ResourcePool Administrator	6	Available on vCenter Server systems only.
	VMware Consolidated Backup Utility	7	Available on vCenter Server systems only. Set of privileges necessary to run the Consolidated Backup Utility.

Tabella 4.2: System and Pre-Defined User Roles

Un altro oggetto importante sono i permessi (Permission data object). Ogni permesso identifica:

- l'utente o il gruppo al quale è associato;

- il ruolo contenente i privilegi che dovrebbero essere associati all'utente o al gruppo;

- il managed object reference dell'entità al quale il permesso si applica.

Ogni managed entity ha associato uno o più Permission object a seconda dei permessi relativi a differenti user o gruppi.

Un utente può appartenere a uno o più gruppi e i suoi permessi sono costituiti dall'unione dei permessi associati ai vari gruppi a cui appartiene.

4.1.4 vSphere API programming model

Il modello management object offerto da VMware vSphere fornisce una struttura per il provisioning, la gestione e il monitoraggio dei componenti VMware vSphere, quali macchine virtuali, il sistema host e altri componenti.

Le vSphere API sono definite in un linguaggio neutrale e sono compatibili con le Web Services Interoperability Organization (WS-I) Basic Profile 1.0 [37] che prevedono il supporto al XML schema 1.0, al SOAP 1.1 e al WSDL 1.1.

Le Web services API sono definite in WSDL (Web Services Description Language) che viene usato dall'applicazione Web services client per creare un client-side proxy code allo scopo di facilitare l'invocazione remota dei metodi.

Le applicazioni client richiamano i metodi sul server inviando dei messaggi formattati secondo il protocollo SOAP (Simple Object Access Protocol) che definisce un linguaggio di programmazione neutrale in XML.

Il modello di comunicazione client-server usato è di tipo asincrono, il client invia un managed object reference e il server risponde inviando un data object. Ogni *ManagedObjectReference* identifica uno specifico managed object con un proprio tipo e valore; nella tabella 4.3 possiamo trovare i possibili valori per ogni specifico *ManagedObjectReference*.

Type Property	Refers to
'''Alarm'''	*Alarm* managed object
'''AlarmManager'''	*AlarmManager* managed object
'''AuthorizationManager'''	*AuthorizationManager* managed object
'''ClusterComputeResource'''	*ClusterComputeResource* managed object
'''ClusterProfile'''	*ClusterProfile* managed object
'''ClusterProfileManager'''	*ClusterProfileManager* managed object
'''ComputeResource'''	*ComputeResource* managed object
'''ContainerView'''	*ContainerView* managed object
'''CustomFieldsManager'''	*CustomFieldsManager* managed object
'''CustomizationSpecManager'''	*CustomizationSpecManager* managed object
'''Datacenter'''	*Datacenter* managed object
'''Datastore'''	*Datastore* managed object
'''DiagnosticManager'''	*DiagnosticManager* managed object

continua Tab. 4.3

46

Type Property	Refers to
""DistributedVirtualPortgroup""	*DistributedVirtualPortgroup* managed object
""DistributedVirtualSwitch""	*DistributedVirtualSwitch* managed object
""DistributedVirtualSwitchManager""	*DistributedVirtualSwitchManager* managed object
""EnvironmentBrowser""	*EnvironmentBrowser* managed object
""EventHistoryCollector""	*EventHistoryCollector* managed object
""EventManager""	*EventManager* managed object
""ExtensibleManagedObject""	*ExtensibleManagedObject* managed object
""ExtensionManager""	*ExtensionManager* managed object
""FileManager""	*FileManager* managed object
""Folder""	*Folder* managed object
""HistoryCollector""	*HistoryCollector* managed object
""HostAutoStartManager""	*HostAutoStartManager* managed object
""HostBootDeviceSystem""	*HostBootDeviceSystem* managed object
""HostCpuSchedulerSystem""	*HostCpuSchedulerSystem* managed object
""HostDatastoreBrowser""	*HostDatastoreBrowser* managed object
""HostDatastoreSystem""	*HostDatastoreSystem* managed object
""HostDateTimeSystem""	*HostDateTimeSystem* managed object
""HostDiagnosticSystem""	*HostDiagnosticSystem* managed object
""HostFirewallSystem""	*HostFirewallSystem* managed object
""HostFirmwareSystem""	*HostFirmwareSystem* managed object
""HostHealthStatusSystem""	*HostHealthStatusSystem* managed object
""HostKernelModuleSystem""	*HostKernelModuleSystem* managed object
""HostLocalAccountManager""	*HostLocalAccountManager* managed object
""HostMemorySystem""	*HostMemorySystem* managed object
""HostNetworkSystem""	*HostNetworkSystem* managed object
""HostPatchManager""	*HostPatchManager* managed object
""HostPciPassthruSystem""	*HostPciPassthruSystem* managed object
""HostProfile""	*HostProfile* managed object
""HostProfileManager""	*HostProfileManager* managed object
""HostServiceSystem""	*HostServiceSystem* managed object
""HostSnmpSystem""	*HostSnmpSystem* managed object

continua Tab. 4.3

47

Type Property	Refers to
'""HostStorageSystem"""'	*HostStorageSystem* managed object
'""HostSystem"""'	*HostSystem* managed object
'""HostVirtualNicManager"""'	*HostVirtualNicManager* managed object
'""HostVMotionSystem"""'	*HostVMotionSystem* managed object
'""HttpNfcLease"""'	*HttpNfcLease* managed object
'""InventoryView"""'	*InventoryView* managed object
'""IpPoolManager"""'	*IpPoolManager* managed object
'""LicenseAssignmentManager"""'	*LicenseAssignmentManager* managed object
'""LicenseManager"""'	*LicenseManager* managed object
'""ListView"""'	*ListView* managed object
'""LocalizationManager"""'	*LocalizationManager* managed object
'""ManagedEntity"""'	*ManagedEntity* managed object
'""ManagedObjectView"""'	*ManagedObjectView* managed object
'""Network"""'	*Network* managed object
'""OptionManager"""'	*OptionManager* managed object
'""OvfManager"""'	*OvfManager* managed object
'""PerformanceManager"""'	*PerformanceManager* managed object
'""Profile"""'	*Profile* managed object
'""ProfileComplianceManager"""'	*ProfileComplianceManager* managed object
'""ProfileManager"""'	*ProfileManager* managed object
'""PropertyCollector"""'	*PropertyCollector* managed object
'""PropertyFilter"""'	*PropertyFilter* managed object
'""ResourcePlanningManager"""'	*ResourcePlanningManager* managed object
'""ResourcePool"""'	*ResourcePool* managed object
'""ScheduledTask"""'	*ScheduledTask* managed object
'""ScheduledTaskManager"""'	*ScheduledTaskManager* managed object
'""SearchIndex"""'	*SearchIndex* managed object
'""ServiceInstance"""'	*ServiceInstance* managed object
'""SessionManager"""'	*SessionManager* managed object
'""Task"""'	*Task* managed object
'""TaskHistoryCollector"""'	*TaskHistoryCollector* managed object

continua Tab. 4.3

Type Property	Refers to
'''TaskManager''''	*TaskManager* managed object
'''UserDirectory''''	*UserDirectory* managed object
'''View''''	*View* managed object
'''ViewManager''''	*ViewManager* managed object
'''VirtualApp''''	*VirtualApp* managed object
'''VirtualDiskManager''''	*VirtualDiskManager* managed object
'''VirtualizationManager''''	*VirtualizationManager* managed object
'''VirtualMachine''''	*VirtualMachine* managed object
'''VirtualMachineCompatibilityChecker''''	*VirtualMachineCompatibilityChecker* managed object
'''VirtualMachineProvisioningChecker''''	*VirtualMachineProvisioningChecker* managed object
'''VirtualMachineSnapshot''''	*VirtualMachineSnapshot* managed object
'''VmwareDistributedVirtualSwitch''''	*VmwareDistributedVirtualSwitch* managed object

Tabella 4.3: Valid Values for ManagedObjectReference Type Property

Per ottenere un managed object si possono utilizzare due vie principali:

- attraverso il *PropertyCollector* il quale è in grado di selezionare più proprietà e valori attraversando l'intero albero;

- usando il *SearchIndex* managed object che permette di ottenere un managed object reference per una specifica managed entity di nostro interesse, la quale può appartenere a una delle seguenti categorie: *ComputerResource, Datacenter,Folder, HostSystem, ResourcePool* and *VirtualMachine*. La ricerca viene fatta sulla base di specifiche proprietà quali: inventory path, datastore path, indirizzo IP, DNS name e UID[1].

---

[1]lo user identifier o UID è un numero intero che identifica univocamente un utente del sistema. Nel nostro caso ogni istanza di un managed object ha un proprio UID.

4.2 Brevi cenni su Java.

Java è un linguaggio di programmazione orientato agli oggetti. Le caratteristiche principali per cui è stato pensato sono quattro:

- Java è completamente orientato agli oggetti. Questo metodo di programmazione e progettazione viene definito programmazione orientata agli oggetti (OOP). L'idea alla base della OOP è di rappresentare, nella progettazione del software, le entità reali o astratte che compongono il problema sotto forma di oggetti istanziati da classi. Gli oggetti sono caratterizzati da proprietà (definite variabili o campi di istanza o di esemplare) e da metodi o funzioni applicabili sugli oggetti stessi, che possono, ad esempio, modificarne lo stato o estrarne informazioni.

- La tecnologia utilizzata da java permette al linguaggio, una volta compilato, di funzionare su diverse architetture. Allo scopo di ottenere questa funzionalità il codice java viene compilato in un linguaggio intermedio chiamato bytecode[2] molto simile al linguaggio macchina, questo linguaggio verrà poi eseguito su una macchina virtuale: la java virtual machine. Tale portabilità rende java meno efficiente rispetto a linguaggi come C++.

- Permettere l'esecuzione di codice da sorgenti remote in modo sicuro; per esempio i java applet sono delle applicazioni, scaricate da un server web remoto, che possono essere avviate all'interno del browser dell'utente. Al fine di garantire la sicurezza questi applet sono eseguiti in un'area ristretta, detta sandbox, che limita i comportamenti dell'applicazione per evitare eventuali software malevoli; inoltre si possono applicare dei certificati per dichiarare le applet sicure e quindi avere la possibilità di un'iterazione maggiore con il sistema, sempre previo consenso dell'utente.

- Contenere strumenti e librerie per il networking. Inoltre il linguaggio java contiene molte funzionalità e librerie: possibilità di costruire GUI[3], di creare applicazioni multi-thread[4], accesso ai database e ai DBMS, ma-

---

[2]Il bytecode è un linguaggio intermedio più astratto del linguaggio macchina, usato per descrivere le operazioni che costituiscono un programma.

[3]Interfaccie grafiche

[4]Il multithreading indica il supporto hardware da parte di un processore di eseguire più thread. Questa tecnica si distingue da quella alla base dei sistemi multiprocessore per il fatto che i singoli thread condividono lo stesso spazio d'indirizzamento, la stessa cache e lo stesso translation lookaside buffer.

nipolazione di documenti XML, dialogo con piattaforme CORBA, supporto nativo ai protocolli della famiglia IP e supporto per le applicazioni multimediali, streaming audio e video. Nella figura 4.9 è racchiusa la piattaforma Java con le librerie disponibili.

Java™ SE Platform at a Glance									
Java Language	Java Language								
Tools & Tool APIs	java	javac	javadoc	apt	jar	javap	JPDA	JConsole	Java VisualVM
	Security	Int'l	RMI	IDL	Deploy	Monitoring	Troubleshoot	Scripting	JVM TI
Deployment Technologies	Deployment		Java Web Start				Java Plug-in		
User Interface Toolkits	AWT			Swing			Java 2D		
	Accessibility		Drag n Drop		Input Methods		Image I/O	Print Service	Sound
Integration Libraries	IDL		JDBC		JNDI		RMI	RMI-IIOP	
Other Base Libraries	Beans		Intl Support		Input/Output	JMX		JNI	Math
	Networking		Override Mechanism		Security	Serialization		Extension Mechanism	XML JAXP
lang and util Base Libraries	lang and util	Collections		Concurrency Utilities		JAR		Logging	Management
	Preferences API		Ref Objects		Reflection		Regular Expressions	Versioning	Zip Instrumentation
Java Virtual Machine	Java Hotspot Client VM				Java Hotspot Server VM				
Platforms	Solaris		Linux		Windows		Other		

Figura 4.9: Java Platform and Class libraries diagram

Java è stato progettato partendo da zero poichè nessuna compatibilità con il passato doveva essere rispettata: questo ha permesso ai progettisti di fare un linguaggio che rispondesse alle più moderne esigenze di programmazione.

Progettato per creare un software altamente affidabile, fornisce ampi controlli in fase di compilazione seguito da ulteriori controlli in fase di esecuzione. Il linguaggio rappresenta una guida ai programmatori verso l'abitudine a produrre programmi affidabili: gestione automatica della memoria, nessun puntatore da gestire, nessun codice "'oscuro'".

Java è nato per operare in ambiente distribuito, ciò significa che l'argomento sicurezza è di grande importanza. Particolare attenzione è stata dedicata alla sicurezza sia a livello di linguaggio sia a livello di sistema runtime. Java permette di costruire applicazioni che possono difficilmente essere invase da altre applicazioni.

L'architettura neutrale di Java è solo una parte di un sistema veramente portabile. Java ha rappresentato un passo in avanti alla portabilità precisando e specificando la grandezza dei tipi di dati e il comportamento degli operatori aritmetici. I programmi sono gli stessi su ogni piattaforma non ci sono incompatibilità tra diversi tipi di dati attraverso diverse architetture hardware e software.

Le prestazioni sono ritenute in molti casi ottime, java adotta uno schema attraverso il quale l'interprete può eseguire i bytecode alla massima velocità senza necessariamente controllare l'ambiente runtime, anche grazie a tecnologie come il Just In Time Compiler. Un'applicazione automatica, il garbage collector, eseguita in background, si occupa inoltre di liberare periodicamente la memoria inutilizzata dai processi e quindi assicura, con elevata probabilità, che la memoria richiesta dalle applicazioni sia sempre disponibile.

La capacità multithreading di Java fornisce i mezzi per costruire applicazioni con più attività concorrenti: Java supporta il multithreading a livello di linguaggio con aggiunta di sofisticate primitive di sincronizzazione. Inoltre il sistema Java è stato scritto per essere sicuro nella gestione del multithreding infatti delle funzionalità provvedono affinchè le librerie siano disponibili senza conflitti tra thread concorrenti in esecuzione.

4.3 Brevi cenni su Axis.

Apache Axis è un open source web service framework basato su XML, consiste in un implementazione in java e in C++ di un server SOAP[5], inoltre include varie funzioni e API per generare e mettere in funzione un'applicazione web service.

Il SOAP è un protocollo leggero per lo scambio di messaggi tra componenti software, tipicamente nella forma di componentistica software. La parola object dimostra che l'uso del protocollo dovrebbe effettuarsi secondo il paradigma della programmazione orientata agli oggetti.

---

[5]Il Simple Object Access Protocol.

SOAP è la struttura operativa estensibile e decentralizzata che può operare sopra varie pile protocollari per reti di computer. I richiami di procedure remote possono essere modellati come interazione di parecchi messaggi SOAP; questo, dunque, è uno dei protocolli che abilitano i servizi Web.

SOAP può operare su differenti protocolli di rete ma HTTP è quello più comunemente utilizzato ed è l'unico ad essere stato standardizzato dal W3C. SOAP si basa sul metalinguaggio XML e la sua struttura segue la configurazione Head-Body, analogamente ad HTML. Il segmento opzionale Header contiene meta-informazioni come quelle che riguardano il routing, la sicurezza e le transazioni. Il segmento obbligatorio Body trasporta il contenuto informativo e talora viene detto carico utile, o payload. Questo deve seguire uno schema definito dal linguaggio XML Schema.

Il SOAP, secondo le specifiche W3C, è un protocollo per trasformare le informazioni strutturate in un ambiente decentralizzato e distribuito, è basato su XML ed è composto di tre parti: un involucro che definisce uno schema per descrivere cosa c'è in un messaggio e come processarlo, un insieme di regole decodificate per esprimere istanze di application-defined datatypes ed una convenzione per rappresentare le procedure remote di chiamata e risposta.

4.4 Brevi cenni su tomcat.

Apache Tomcat è un web container open source sviluppato dalla Apache Software Foundation. Implementa le specifiche JSP e Servlet di Sun Microsystems, fornendo quindi una piattaforma per l'esecuzione di applicazioni Web sviluppate nel linguaggio Java. La sua distribuzione standard include anche le funzionalità di un web server tradizionale che corrispondono al prodotto Apache.

Tomcat all'inizio venne concepito come implementazione delle specifiche servlet da parte di James Duncan Davidson, che lavorava come ingegnere del software alla Sun. Successivamente Davidson ha aiutato a rendere il progetto open source e a far si che il codice venisse donato alla Apache Software Foundation.

Il nome si ispirava agli animali presenti sulle copertine dei libri O'Reilly dedicati ai progetti open source. Alla fine si decise di chiamarlo Tomcat (gatto maschio), un animale in grado di mantenersi e sfamarsi da solo. Il sogno di

Davidson si realizzò quando finalmente uscì un libro di O'Reilly dedicato a Tomcat con un felino in copertina[43].

In passato Tomcat era gestito nel contesto del Jakarta Projec, ed era pertanto identificato con il nome di Jakarta Tomcat; attualmente è oggetto di un progetto indipendente.

Tomcat è rilasciato sotto licenza Apache Software License ed è scritto interamente in Java, può quindi essere eseguito su qualsiasi architettura su cui sia installata una JVM.

La configurazione e la gestione di tomcat può avvenire attraverso i tools forniti oppure editando i file XML per la configurazione.

4.5 Brevi cenni su CentOS.

CentOS[6] è un sistema operativo concepito per fornire una piattaforma di classe enterprise per chiunque intenda utilizzare GNU/Linux per usi professionali. Questo è una distribuzione Linux che deriva da Red Hat Enterprise Linux con cui cerca di essere completamente compatibile; perciò CentOS può essere una soluzione ottimale per tutti coloro che vogliono ottenere velocemente un sistema GNU/Linux di classe superiore con al seguito innumerevoli vantaggi.

Red Hat Enterprise Linux è composto interamente da software libero ma è reso disponibile in una forma utilizzabile solo a pagamento. Tutto il codice sorgente è reso disponibile pubblicamente dalla Red Hat così come previsto dalla GNU General Public License. Gli sviluppatori di CentOS usano questo codice per creare un prodotto molto simile a Red Hat Enterprise Linux rendendolo disponibile gratuitamente per il download e l'uso, senza però il supporto offerto da Red Hat.

Linux è un sistema operativo libero di tipo Unix costituito dall'integrazione del kernel Linux con elementi del sistema GNU e di un altro software sviluppato e distribuito con licenza GNU GPL o con altre licenze libere. Linux, in realtà, è il nome del kernel sviluppato da Linus Torvalds a partire dal 1991 che, integrato con i componenti già realizzati dal progetto GNU (compilatore gcc, libreria Glibc e altre utility) e da software di altri progetti, è stato utilizzato come base

---

[6]CentoOs è acronimo di Community enterprise Operating System

per la realizzazione dei sistemi operativi open source e delle distribuzioni che vengono normalmente identificate con lo stesso nome

CentoOS supporta l'architettura x86 e X86-64, inoltre supporta dalla versione quattro l'architettura IA-64 e la PowerPC/32. L'architettura IBM Mainframe è supportata solo dalla versione 4.

4.6 La macchina fisica.

Il progetto d'esempio utilizzato per questo libro è stato svolto su una HP Pro-Liant DL580 G5. Questa macchina fisica ha a disposizione una CPU Intel Xeon ®E7320 la quale è composta da 16 CPU con una frequenza di 2,133 Ghz; la memoria RAM a disposizione è di 24 Gbyte mentre la memoria fisica è un disco da 540 GByte

Il ProLiant DL580 G5 è un ottima piattaforma di virtualizzazione in quanto integra la tecnologia del nuovo processore Xeon Quad-Core di Intel con caratteristiche di massima scalabilità ed elevata disponibilità. Questo prodotto a 4 socket offre flessibilità e facilità di manutenzione grazie al formato 4U, ottimizzato per rack e sviluppato a partire da tecnologie all'avanguardia conformi agli standard di settore. La gestione remota con la tecnologia Integrated Lights-Out 2 (iLO2) consente di effettuare l'amministrazione mediante un browser Web standard senza dover visitare il server.

Intel Xeon E7320 appartiene alla famiglia "Tigerton" con tecnolgia 65 nm ed è basato su microarchitettura Core[7]. Questo supporta diverse tecnologie: MMX, SSE, SSE2, SSE3, SSSE3, Intel 64, XD bit, Intel VT-x e Demand Based Switching (Intel's Server EIST).

---

[7]Con il nome Intel Core Microarchitecture viene identificata l'architettura di ottava generazione sviluppata per i processori Intel.

Capitolo 5

Gestione delle macchine virtualizzate

5.1 Specifiche e strumenti utilizzati per la realizzazione del progetto.

Al fine di realizzare il progetto di esempio si è lavorato pensando a un servizio con definite specifiche; di seguito indicherò i punti fondamentali che hanno costituito la base per il mio lavoro.

Il software di virtualizzazione iniziale era VMware ESXi versione 3.5, in seguito aggiornato alla versione 4, la licenza utilizzata è la free. VMware ESXi è un software di virtualizzazione derivato dalla versione enterprise ESX, che essendo free fornisce meno funzionalità. Le differenze[20] tra ESX e ESXi nella versione 4 si possono notare allegato C.

Il progetto su cui si basa il mio lavoro mira alla creazione di un servizio di gestione e provisioning di un server VMware ESXi. Le funzionalità che ho ritenuto essenziale implementare per la concreta realizzazione del servizio sono state:

- visualizzazione delle informazioni relative al server fisico e alle macchine virtuali;

- gestione dello stato della macchina virtuale: avvio, arresto, sospensione e riavvio della macchina virtuale;

- creazione e cancellazione di una macchina virtuale;

- gestione degli account necessari agli utenti per accedere alle proprie macchine virtuali;

Queste funzionalità sono a disposizione degli amministratori. Gli utenti possono ottenere le informazioni e gestire lo stato della propria macchina virtuale.

Lo sviluppo del progetto è stato principalmente fatto su una macchina virtuale con preinstallato sistema operativo CentOs; questa macchina è virtualizzata sullo stesso software di cui dovevo permettere la gestione. In seguito ad una ricerca su come e che tipo di servizio offrire ho trovato, tra il materiale fornito da Vmware[16], le VMware vSphere Web Services SDK[23]. Queste SDK mettono a disposizione alcune librerie in java e *C#* per interagire con ESX/ESXi 4.0 e vCenter Server 4.0 usando le vSphere API. In questo modo c'era la possibilità di ottenere un servizio web che garantisse la gestione remota del server VMware ESXi sia da parte dei tecnici (administrator), permettendo la creazione e modifica delle macchine virtuali e degli account, sia da parte degli utenti, permettendo la visualizzazione di informazioni relative alle loro macchine virtuali e alla modifica dello stato della macchina: start, stop, pause e reboot.

5.2 Configurazione dell'ambiente

Le VMware vSphere Web Services SDK includono tutti i componenti necessari a lavorare con le VMware vSphere API; utilizzando java o Microsoft .NET (usando *C#*) è possibile creare delle applicazioni per interagire con VMware ESXi. Alcuni punti devono essere chiariti per comprendere come ho lavorato con le SDK:

- Usando le vSphere Web Services SDK e scegliendo un linguaggio di programmazione supportato, si può creare un'applicazione lato client per invocare le operazioni fornite dalla tecnologia web services; queste operazioni permettono la gestione e il controllo degli eventi sul server VMware ESXi.

- Le web services API sono definite in WSDL[1] file. Queste sono utilizzate dalle web services utilities per creare un proxy code che l'applicazione

---
[1] Web Services Description Language

client utilizzerà per interagire col server.

- L'applicazione client, per parlare con il server, utilizza dei messaggi che seguono le specifiche SOAP[2] e vengono generati automaticamente dai tools web services in maniera trasparente.

- Le comunicazioni tra client e server avvengono attraverso il protocollo HTTP o HTTPS (default).

Le vSphere API sono basate sul Web services per questo motivo è possibile utilizzare qualsiasi linguaggio di programmazione o di scripting che permette la generazione di un client-side stub per il Web-services WSDL files. VMware fornisce alcuni esempi per aiutare a creare il proprio client in java e C#. Nella tabella 5.2 è indicata la versione dei linguaggi Java e C# consigliata e quale SOAP toolkit utilizzare per il relativo linguaggio. Nel progetto ho deciso di utilizzare Java e Axis.

	Java	C#
Development environment or framework	J2SE 5.0 (aka, J2SE 1.5-J2SE 1.5_0_08 or subsequent version recommended)	Microsoft Visual Studio 2005 Microsoft Visual C#
Web-services-client application development toolset ("SOAP toolkit")	Apache Axis 1.4	Microsoft .NET Framework 2.0

Tabella 5.1: Language and Tools Matrix for Client Application Development

VMware mette a disposizione un file zip per l'implementazione di servizi attraverso vSphere Web Services SDK, questo zip contiene i seguenti componenti:

- WSDL files (*vimService.wsdl, vim.wsdl*). Essi definiscono le API disponibili attraverso VMware vSphere server Web service.

- Librerie precompilate (*vim.jar, vim25.jar*) per testare i WSDL file.

---

[2]Simple Object Access Protocol è un linguaggio neutrale definito in XML

- Codice di esempio per provare alcune funzionalità di uso generico nella gestione dell'infrastruttura virtuale; è disponibile il source code in Java e C#.

- Batch file e shell script (emphbuild.bat, build.sh; Build1005.cmd) che servono per la compilazione automatica dei file in Java e C#.

- Batch file e shell scripts (*run.bat, run.sh*) per facilitare il test delle librerie di esempio in Java.

- Documentazione di riferimento per le API e per la descrizione del linguaggio neutrale utilizzato da VMware vSphere API e dal server-side object model.

AL fine di realizzare in Java l'applicazione Web services, usando le VMware vSphere Web Services SDK, sono necessarie le Java SDK e un Java Web services development toolset, in particolare VMware consiglia di usare le Java 2, Stamdard Edition, version 5.0 e Apache Axis 1.4. Tuttavia, è possibile utilizzare anche altri client-side tools o librerie tipo IBM WebSphere, anche se i codici di esempio nel pacchetto SDK sono generati con le librerie Apach Axis 1.4.

Seguendo i consigli della Developer's Setup Guide[25] è possibile configurare il sistema seguendo alcuni semplici passaggi:

1. Installare tomcat nella directory */app/apache.*

2. Creare tre directory */apps/visdk* per l'SDK, */apps/apache/axis* per Apache Axis e */apps/java/jde1.5.0_nn* per Java 2 Standard Edition.

3. Installare Java 2 Platform, Standard Edition 5.0, nella relativa cartella. VMware consiglia JDK 1.5_0_08 o versione successiva.

4. Scaricare Apache Axis 1.4 client-side Web services library dal sito Apache e estrarlo nella relativa cartella.

5. Scaricare VMware vSphere Web Services SDK dal sito VMware ed estrarlo nella relativa cartella.

6. Nel caso di connessione HTTPS bisogna recuperare il certificato del server VMware ESXi e attraverso le Java keytool utility creare il *vmware.keystore.*

Le operazioni necessarie alla creazione del keystore sono semplici. Innanzitutto si crea la cartella /app/vmware-certs/, in seguito attraverso le Java keytool utility importiamo il certificato con il comando:

```
keytool -import -file <filename del certificato>
 -alias <nome del server> -keystore vmware.keystore
```

Successivamente, mentre il comando è in esecuzione, viene chiesta la password e se il certificato può essere considerato fidato. Il certificato sarà quindi importato nel keystore. Questa operazione può essere fatta per ogni server che vogliamo contattare.

7. Impostare le variabili d'ambiente che si possono trovare in tabella 5.3. Le uniche necessarie sono CLASSPATH e PATH, le altre sono utilizzate per convenienza e per l'uso degli script forniti con lo zip SDK.

Variable Name	Setting must Include...
AXISHOME	Complete path to the Apache Axis installation top-level directory. For example: /apps/apache/axis1.4

continua Tab. 5.3

61

Variable Name	Setting must Include...
CLASSPATH	Complete paths to specific JAR files and other libraries required by Java and Axis tools. Add these specific JAR files to the CLASSPATH (assumes that you have setup AXISHOME, JAVAHOME, and SDKHOME).

`$AXISHOME/lib/axis.jar`
`$AXISHOME/lib/axis-ant.jar`
`$AXISHOME/lib/commons-discovery-0.2.jar`
`$AXISHOME/lib/commons-logging-1.0.4.jar`
`$AXISHOME/lib/jaxrpc.jar`
`$AXISHOME/lib/log4j-1.2.8.jar`
`$AXISHOME/lib/saaj.jar`
`$AXISHOME/lib/wsdl4j-1.5.1.jar`
`$JAVAHOME/lib/tools.jar`
`$SDKHOME/samples/Axis/java/vim.jar`
`$SDKHOME/samples/Axis/java/vim25.jar`
`$SDKHOME/samples/Axis/java/apputils.jar`
`$SDKHOME/samples/Axis/java/samples.jar`
`$SDKHOME/samples/Axis/java/lib/activation.jar`
`$SDKHOME/samples/Axis/java/lib/mailapi.jar`
`$SDKHOME/samples/Axis/java/lib/wbem.jar`

JAVAHOME	Paths to the binary root directories for both the Java JDK and the Java runtime (JRE). For example:

`/apps/java/jdk1.5_0_08/bin`
`/apps/java/jre1.5_0_08/bin`

PATH	Add the path to the Java and the Axis binary client tools to the system path. Assuming you setup the AXISHOME and JAVAHOME variables, you must add:

`/AXISHOME/bin`
`/JAVAHOME/bin`

continua Tab. 5.3

Variable Name	Setting must Include...
SDKHOME	Path the toplevel directory of the unpacked SDK download. For example: `/apps/visdk21/SDK`
VMKEYSTORE	Path to Java keystore. The VMKEYSTORE environment variable is used by the run.bat and *run.sh* batch files. Sample paths: `VMKEYSTORE=/apps/vmware-certs/vmware.keystore`
WBEMHOME	Path to the WBEM (Web Based Enterprise Management) Java archive (*wbem.jar*). `WBEMHOME=$SDKHOME/samples/Axis/java/lib/wbem.jar`

Tabella 5.2: Environment Variable Names and Required JAR and Other Files

8. Utilizzare build.sh per generare gli stub e compilare in modo da ottenere i file *vim.jar, vim25.jar, apputils.jar,* e *samples.jar*

9. Per verificare la corretta installazione e la possibilità di connettersi al server desiderato, dovrebbe ora essere possibile utilizzare lo script *run.sh* per richiamare la class *SimpleClient* che permette di ottenere le risorse disponibili sul server. Il comando necessario è:

```
run com.vmware.samples.general.SimpleClient
 https://IlNomeDelServer/sdk <username> <password>
 [--ignorecert ignorecert]
```

In alternativa è anche possibile richiamarlo attraverso una chiamata Java:

```
java -Djavax.net.ssl.trustStore=$KEYSTORE
 com.vmware.samples.general.SimpleClient
```

```
https://IlNomeDelServer/sdk <username> <password>
[--ignorecert ignorecert]
```

Il risultato di queste chiamate dovrebbe essere:

```
Object Type : Folder
Reference Value : ha-folder-vm
 Property Name : name
 Property Value : vm
Object Type : HostSystem
Reference Value : ha-host
 Property Name : name
 Property Value : sdkpubslab-02.eng.vmware.com
Object Type : ResourcePool
Reference Value : ha-root-pool
 Property Name : name
 Property Value : Resources
Object Type : Folder
Reference Value : ha-folder-host
 Property Name : name
 Property Value : host
Object Type : ComputeResource
Reference Value : ha-compute-res
 Property Name : name
 Property Value : sdkpubslab-02.eng.vmware.com
Object Type : VirtualMachine
Reference Value : 16
 Property Name : name
 Property Value : Windows_2K3_VM
 ...
Object Type : Datacenter
Reference Value : ha-datacenter
 Property Name : name
Property Value : ha-datacenter
 Object Type : Folder
```

```
Reference Value : ha-folder-root
Property Name : name
Property Value : ha-folder-root
```

Nell'eventualità si generi un errore la Developer's Setup Guide fornisce
alcune possibili soluzioni mostrate in tabella 5.4

Symptom	Possible Solution

`Exception in thread "main"`
`java.lang.NoClassDefFoundError:`
`com/vmware/vim/ManagedObjectReference at`
`com.vmware.samples.general.SimpleClient.`
` createServiceRef(SimpleClient.java:32) at`
`com.vmware.samples.general.SimpleClient.`
` main(SimpleClient.java:214)`
	Verify that the CLAS-SPATH includes all Axis libraries, directly or through use of the AXISHOME environment variable.
	Verify that the AXISHOME variable has been set correctly.

`Caught Exception :`
`Name : org.apache.axis.AxisFault`
`Message : (301)MovedPermanently`
`Trace : AxisFault`
`faultCode: {http://xml.apache.org/axis/}HTTP`
`faultSubcode:`
`faultString: (301)Moved Permanently`
`faultActor:`
`faultNode:`
`faultDetail: {}:return`
`code: 301`
`{http://xml.apache.org/axis/}HttpErrorCode:301`
`(301)Moved Permanently at`
`org.apache.axis.transport.http.HTTPSender.`
` readFromSocket(HTTPSender.java:744)`
	Path to the WBEM (Web Based Enterprise Management) Java archive (*wbem.jar*).

Tabella 5.3: Java Runtime Error Messages

Una volta configurato l'ambiente di lavoro e quindi possibile procedere alla creazione della propria applicazione web services.

5.3   Un semplice web client

Come prima cosa, per rendere l'applicazione perfettamente operativa, è stato necessario configurare il server tomcat. Partendo dal file *web.xml*, la maggior parte delle opzioni di default sono adatte per la realizzazione di questo progetto; l'unica che ho ritenuto necessario modificare è stata quella della homepage quando si connette all'applicazione. Il tag è welcome-file-list e, nel modo in cui ho provveduto a configurarlo, indirizza all'homepage *index*. Le estensioni che ho deciso di utilizzare sono state html, htm e jsp:

```
<welcome-file-list>
  <welcome-file>index.html</welcome-file>
  <welcome-file>index.htm</welcome-file>
  <welcome-file>index.jsp</welcome-file>
</welcome-file-list>
```

Il secondo file da configurare è stato *server.xml*. In questo caso come prima operazione ho configurato il server in modo che le richieste su porta 80 venissero re indirizzate sulla porta 443 in modo che l'applicazione utilizzi https:

```
<Connector port="80" protocol="HTTP/1.1"
  connectionTimeout="20000"
  redirectPort="443" />
```

Successivamente ho configurato il server in modo che accettasse comunicazioni su porta 443 abilitando l'SSL; inoltre ho impostato il certificato da utilizzare:

```
<Connector port="443" protocol="HTTP/1.1" SSLEnabled="true"
  maxThreads="150" scheme="https" secure="true"
  clientAuth="false" sslProtocol="TLS"
  keystoreFile="/apps/.keystore" keysorePass="******"
  connectionTimeout="20000"/>
```

Infine ho provveduto a configurare il nome del server, ho deciso di utilizzare l'indirizzo IP della macchina:

```
<Host name="172.16.5.153"  appBase="webapps"
  unpackWARs="true" autoDeploy="true"
  xmlValidation="false" xmlNamespaceAware="false">
```

A questo punto è possibile creare la propria applicazione e farne in seguito
il deploy. Questo può essere fatto manualmente, creando le relative cartelle e i
file necessari, oppure è possibile utilizzare il web application manager di tomcat
collegandosi all'indirizzo *http://localhost:8080/manager/html*. Prima di creare
il deploy è stato necessario, però, definire il web archive con estensione .WAR;
ho, quindi, nominato la mia cartella principale *SimpleServer*. In questa cartella
sono presenti tutti i file sorgente ed è possibile trovare la homepage index e le
sotto cartelle *CSS* e *WEB-INF*. Nella cartella *CSS* sono inseriti i file css per il
layout del web services. Inoltre, nella cartella *WEB-INF*, dove si trova il file di
configurazione dell'applicazione o deployment descriptor denominato *web.xml*,
sono presenti tre ulteriori sottocartelle: *classes, doc* e *lib*.

Attraverso *web.xml* il file Tomcat è in grado di ricavare tutte le informazioni
necessarie al deployment. Nella cartella *classes* sono presenti i relativi bytecode
necessari all'applicazione, mentre nella cartella *lib* sono inseriti i .jar relativi
alle librerie esterne. Il file web.xml è stato configurato in modo da eseguire il
forwarding automatico su SSL:

```
<security-constraint>
  <web-resource-collection>
    <web-resource-name> Automatic SLL Forwarding
    </web-resource-name>
    <url-pattern>/*</url-pattern>
  </web-resource-collection>
  <user-data-constraint>
    <transport-guarantee> CONFIDENTIAL </transport-guarantee>
  </user-data-constraint>
</security-constraint>
```

Inoltre per ogni servlet deve essere definito quanto segue:

```
<servlet>
  <servlet-name>nome servlet</servlet-name>
  <servlet-class>nome della classe</servlet-class>
```

```
</servlet>
<servlet-mapping>
  <servlet-name>nome servlet</servlet-name>
  <url-pattern>url legata al servlet</url-pattern>
</servlet-mapping>
```

Il tag *servlet* definisce le servlet utilizzate, comprensive di eventuali parametri di inizializzazione; mentre il tag *servlet-mapping* contiene le informazioni necessarie a Tomcat per inviare una particolare richiesta a una specifica servlet.

A questo punto è possibile creare il file .WAR attraverso il comando jar di java; nel caso in cui ci troviamo sulla directory base:

```
jar -cvf NomeServlet.war .
```

A questo punto è possibile fare il deployment su Tomcat attraverso il web application manager usando il tasto "Select WAR file to upload", selezionando il nostro .WAR e infine cliccando su "Deploy". Tomcat provvede a controllare che tutto sia in ordine e, nel caso non ci siano errori, avvia in automatico il servlet che sarà disponibile in locale all'url *http://localhost:8080/MioServlet/ MioServlet*. Nel nostro caso non sarà necessario specificare la porta e il servlet sarà accessibile anche attraverso l'indirizzo IP della macchina.

L'application web client è composta da tre servlet (*SimpleClient, VMinfo* e *LogOut*), dall'homepage *index.html*, da una classe che gestisce le operazioni verso il VMware ESXi *MyClient* e dal CSS *basic.css*.

5.3.1 Index.html

La homepage è definita nella maniera più semplice possibile e prevede una schermata di login che richiede username e password, che vengono inviati al servlet SimpleClient attraverso una POST.

```
<form name="Login" action="SimpleClient" method="POST">
  Username: <input name="user" type="text" /><br/>
  Password: <input name="pass" type="password" /><br/>
  <input id="Submit" type="submit" value="Login" />
</form>
```

5.3.2 SimpleClient

Il servlet *SimpleClient* si occupa di visualizzare le informazioni sul server VM-ware ESXi e prevede un menu attraverso il quale è possibile accedere alle informazioni sulle macchine virtuali. Come prima operazione il *SimpleClient* definisce in maniera statica l'header e la parte finale della pagina che viene visualizzata quando viene richiamato; inoltre, definisce staticamente il nome del server ESXi al quale fare le richieste.

```
private static final String serverName = "cloud.educ.di.unito.it";
private static final String PAGE_TOP = ""
    + "<HTML>"
    + "<HEAD>"
    + "<meta http-equiv=\"Content-Type\" content=\"text/html;"
    + "charset=iso-8859-1\"/>"
    + "<TITLE> VmWare ESXi web client</TITLE>"
    + "<link rel=\"stylesheet\" type=\"text/css\""
    + "href=\"./CSS/basic.css \" />"
    + "</HEAD>"
    + "<body lang=\"it\">"
    + "<div id=\"container\">"
    + "<div id=\"header\">"
    + "<h1>Manager di gestione della macchine virtuali</h1>"
    + "</div>";

private static final String PAGE_BOTTOM = ""
    + "<div id=\"footer\">"
    + "<p>Per maggiori info <a"
    + href=\"http://www.vmware.com/support/developer/vc-sdk/"
    + visdk400pubs/ReferenceGuide/index.html \" target=\"_blank\">"
    + Reference Guide</a></p>"
    + "</div>"
    + "</div>"
    + "</body></html>";
```

Successivamente il *SimpleClient* definisce il metodo per rispondere alle PO-ST che gli pervengono inizializzando le variabili e prelevando le informazioni username e password che vengono inviate attraverso la POST, inoltre inizializza la sessione e definisce la variabile user.

```
public void doPost (HttpServletRequest request,
    HttpServletResponse response) throws ServletException,
    IOException, MalformedURLException
{
    MyClient obj = null;
    String userName = request.getParameter("user");
    String password = request.getParameter("pass");
    String jspPage = "";
    String info = "";
    Exception exc = null;
    HttpSession session = request.getSession();
    session.setAttribute("user", userName);
```

A questo punto il servlet, attraverso la classe java *MyClient*, si connette al server ESXi per aprire una sessione, il cui ID viene salvato nella sessione di chi ha fatto la richiesta, inoltre predispone le informazioni necessarie a creare dinamicamente la pagina e inserisce l'header.

```
obj = new MyClient();
info = obj.connectAndLogin(serverName, userName, password);
session.setAttribute("sessionID", info);
connesso= true;

response.setContentType("text/html");
PrintWriter out = response.getWriter();
out.println(PAGE_TOP);
```

A questo punto abbiamo una connessione sul server ESXi ed è possibile ottenere diversi tipi di informazioni. Le prime informazioni richieste riguardano le macchine virtuali disponibili e il loro stato; attraverso queste informazioni viene definito il menu laterale, esso prevede: un link per tornare alla homepage, che in questo caso è definita come il servlet *SimpleClient*, un link per uscire e distruggere la connessione e le variabili ad essa associate e infine un link per ogni macchina virtuale disponibile con l'indicazione dello stato in cui si trova (stop, start e pause).

```
String[][] VM = obj.getVMname();
String menu = "<div id=\"navigation\">"
   + "<ul>"
   + "<li><a href=\"LogOut?info=LogOut\">Log Out</a></li><br>"
   + "<li><a id=\"activelink\" href=\"SimpleClient\">Home</a></li>"
   + " <li><h4>Virtual Machine</h4></li>  ";
for( int i = 0; i < VM.length; i++)
{
   if(VM[i][1].equals("poweredOn")) menu+="<li><a id=\"green\""
      + "href=\"VMinfo?name="+VM[i][0]+"&VMid="+VM[i][2]+"\">> ""
      + "+VM[i][0]+"</a></li>";
   else if(VM[i][1].equals("poweredOff")) menu+="<li><a id=\"red\""
      + "href=\"VMinfo?name="+VM[i][0]+"&VMid="+VM[i][2]+"\">[] ""
      + "+VM[i][0]+"</a></li>";
   else if(VM[i][1].equals("suspended")) menu+="<li><a id=\"orange\""
      + "href=\"VMinfo?name="+VM[i][0]+"&VMid="+VM[i][2]+"\">|| ""
      + "+VM[i][0]+"</a></li>";
   else menu+="<li><a id=\"gray\" href=\"VMinfo?name="+VM[i][0]+
      "&VMid="+VM[i][2]+"\">? "+VM[i][0]+"</a></li>";
}
menu += " </ul></div>";
out.println(menu);
```

L'ultima cosa da definire, nella pagina web che verrà generata dinamicamente, è il contenuto centrale. La parte centrale della pagina web visualizza le informazioni sul server ESXi.

```
String[][][] infoHost = obj.getHostInfo();
String content = "<div id=\"content\">";
for (int i = 0; i<infoHost.length;i++)
{
   content += "<h2>Host Name: "+infoHost[i][0][1]+"</h2><table>";
```

71

```
for(int j= 1; j<infoHost[i].length;j++)
{
    content+="<tr><td>"+infoHost[i][j][0]+"</td><td>"
      + infoHost[i][j][1]+"</td></tr>";
}
content += "</table>";
}
content+="</div>";
out.println(content);

out.println(PAGE_BOTTOM);
```

Il metodo POST termina con la gestione degli errori che possono avvenire in fase di ottenimento delle informazioni. Nel caso di errore inaspettato viene generata dinamicamente una pagina contente le informazioni disponibili sull'errore.

```
response.setContentType("text/html");
PrintWriter out = response.getWriter();
out.println(PAGE_TOP);
out.println("<h3>Benvenuto "+ userName+"<h3>");
out.println("<p>Si e'verificato un errore:</p>");
out.println("<p>"+ exc.toString()+"</p>");
out.println("<a href=\"../SimpleServer\">back</a>");
out.println("</div></body></html>");
```

Oltre al metodo per rispondere alle POST viene definito anche il metodo per rispondere alle GET. Questo metodo serve per rispondere alle richieste di homepage che richiamano il servlet *SimpleServer*. Il codice del metodo è praticamente identico al metodo per la POST ad esclusione della parte relativa alla connessione al server ESXi; infatti in questo caso la connessione viene ottenuta, non attraverso user e pass, ma attraverso l'ID di connessione precedentemente ottenuto e salvato nella sessione.

```
HttpSession session = request.getSession();
String ID = (String)session.getAttribute("sessionID");
obj = new MyClient();
```

```
obj.loadSession(serverName, ID);
```

5.3.3 VMinfo

Il servlet *VMinfo* viene utilizzato per visualizzare le informazioni riguardanti le macchine virtuali. La definizione dell'header e della parte finale della pagina sono praticamente identiche al caso *SimpleServer*. *VMinfo* definisce il metodo per rispondere alle GET e serve per visualizzare le richieste di informazioni riguardanti la macchina virtuale selezionata attraverso il menu. Il metodo richiede due parametri importanti: il nome e l'id della macchina virtuale di cui si vuole visualizzare le informazioni

```
String vmName = request.getParameter("name");
String vmID = request.getParameter("VMid");
```

Nell'eventualità non riceva le informazioni necessarie, richiama una pagina di errore standard *index.jsp*.

```
String jspPage = "index.jsp";
request.getRequestDispatcher(jspPage).forward(request,response);
```

Diversamente il metodo, se ha a disposizione le informazioni necessarie prevede il recupero dell'id della sessione con il server ESXi e l'apertura della connessione.

```
HttpSession session = request.getSession();
String ID = (String)session.getAttribute("sessionID");
obj = new MyClient();
obj.loadSession(serverName, ID);
```

Il menu viene generato nella stessa maniera del servlet *SimpleClient*.

```
String[][] VM = obj.getVMname();
menu = "<div id=\"navigation\">"
  + "<ul>"
  + "<li><a href=\"LogOut?info=LogOut\">Log Out</a></li><br>"
  + "<li><a id=\"activelink\" href=\"SimpleClient\">Home</a>"
  + "</li><li><h4>Virtual Machine</h4></li>  ";
```

```java
for( int i = 0; i < VM.length; i++)
{
  if(!VM[i][0].equals(vmName))
  {
    if(VM[i][1].equals("poweredOn"))
      menu+="<li><a id=\"green\" href=\"VMinfo?name="
      +VM[i][0]+"&VMid="+VM[i][2]+"\">> "+VM[i][0]+"</a></li>";
    else if(VM[i][1].equals("poweredOff"))
      menu+="<li><a id=\"red\" href=\"VMinfo?name="
      +VM[i][0]+"&VMid="+VM[i][2]+"\">[] "+VM[i][0]+"</a></li>";
    else if(VM[i][1].equals("suspended"))
      menu+="<li><a id=\"orange\" href=\"VMinfo?name="
      +VM[i][0]+"&VMid="+VM[i][2]+"\">|| "+VM[i][0]+"</a></li>";
    else menu+="<li><a id=\"gray\" href=\"VMinfo?name="
      +VM[i][0]+"&VMid="+VM[i][2]+"\">? "+VM[i][0]+"</a></li>";
  }
  else
  {
    if(VM[i][1].equals("poweredOn"))
    {
      menu+="<li><a id=\"activelink \" href=\"VMinfo?name="
        +VM[i][0]+"&VMid="+VM[i][2]+"\">> "+VM[i][0]+"</a></li>";
      powerOn = true;
    }
    else if(VM[i][1].equals("poweredOff"))
      menu+="<li><a id=\"activelink \" href=\"VMinfo?name="
      +VM[i][0]+"&VMid="+VM[i][2]+"\">[] "+VM[i][0]+"</a></li>";
    else if(VM[i][1].equals("suspended"))
      menu+="<li><a id=\"activelink \" href=\"VMinfo?name="+VM[i][0]
      +"&VMid="+VM[i][2]+"\">|| "+VM[i][0]+"</a></li>";
    else menu+="<li><a id=\"activelink \" href=\"VMinfo?name="
    +VM[i][0]+"&VMid="+VM[i][2]+"\">? "+VM[i][0]+"</a></li>";
  }
}
```

```
menu +=  " </ul></div>";
```

La parte centrale della pagina fornisce la possibilità di eseguire operazione riguardanti lo stato della macchina virtuale: power ON, power OFF, suspend e reset.

```
content = "<div id=\"content\"><h2>Virtual Machine: "
  +vmName+"</h2><table id=\"power\"> <tr>";
content+= "<td><form name=\"powerOn\" action=\"VMinfo\""
  + "method=\"POST\">"
  +"<input name=\"type\" type=\"hidden\" value=\"on\"/>"
  +"<input name=\"VMname\" type=\"hidden\" value=\""+vmName+"\"/>"
  +"<input name=\"VMid\" type=\"hidden\" value=\""+vmID+"\"/>"
  +"<input " ;
if(powerOn) content+="disabled";
content +=" id=\"Submit\" type=\"submit\" value=\"VM power ON\" />"
  + "</form></td>";
content+= "<td><form name=\"powerOff\" action=\"VMinfo\""
  + "method=\"POST\">"
  +"<input name=\"type\" type=\"hidden\" value=\"off\"/>"
  +"<input name=\"VMname\" type=\"hidden\" value=\""+vmName+"\"/>"
  +"<input name=\"VMid\" type=\"hidden\" value=\""+vmID+"\"/>"
  +"<input ";
if(!powerOn) content+="disabled";
content +=" id=\"Submit\" type=\"submit\" value=\"VM power OFF\" /> "
  +"</form></td>";
content+= "<td><form name=\"suspended\" action=\"VMinfo\""
  +"method=\"POST\">"
  +"<input name=\"type\" type=\"hidden\" value=\"suspend\"/>"
  +"<input name=\"VMname\" type=\"hidden\" value=\""+vmName+"\"/>"
  +"<input name=\"VMid\" type=\"hidden\" value=\""+vmID+"\"/>"
  +"<input ";
if(!powerOn) content+="disabled";
content +=" id=\"Submit\" type=\"submit\" value=\"VM suspend\" />"
  +"</form></td>";
content+= "<td><form name=\"reset\" action=\"VMinfo\" method=\"POST\">"
```

```
+"<input name=\"type\" type=\"hidden\" value=\"reset\"/>"
+"<input name=\"VMname\" type=\"hidden\" value=\""+vmName+"\"/>"
+"<input name=\"VMid\" type=\"hidden\" value=\""+vmID+"\"/>"
+"<input ";
if(!powerOn) content+="disabled";
content+=" id=\"Submit\" type=\"submit\" value=\"VM reset\" />"
+"</form></td>";
content +=  "</tr></table><h3> Le operazioni potrebbero richiedere"
+" diversi secondi, si prega di attendere pazzientemente.</h3>";
```

Inoltre contiene le informazioni disponibili sulla macchina virtuale selezionata.

```
String[][][] cont = obj.getVMinfo(vmName);
for(int j=0; j< cont.length; j++)
{
  content += "<table><tr><td colspan=2>Informazione riguardati
    <em>"+cont[j][0][0]+"</em>";
  for(int k=1; k< cont[j].length; k++) content+="<tr><td>"
    +cont[j][k][0]+"</td><td>"+ cont[j][k][1]+"</td></tr>";
  content += "</table>";
}
content += "</div>";
```

Oltretutto la pagina web, gestisce i possibili errori creando un menu con le opzioni logout, homepage e le informazioni sull'errore.

```
menu = "<div id=\"navigation\">"
  + "<ul>"
  + "<li><a href=\"LogOut?info=LogOut\">Log Out</a></li><br>"
  + "<li><a id=\"activelink\" href=\"SimpleClient\">Home</a></li>"
  + " <li><h4>Virtual Machine</h4></li>  </div>";
content = "<div id=\"content\">"
  +"<h1>Errore Inaspettato</h1>"
  +"<p>Si e'verificato un errore:</p>"
  +"<p>"+ ex.toString()+"</p>"
  +"<a href=\"../SimpleServer\">back</a>"
```

```
+"</div>";
```

Infine è stata predisposta la creazione dinamica della pagina e il metodo
invia il risultato.

```
response.setContentType("text/html");
PrintWriter out = response.getWriter();
out.println(PAGE_TOP);
out.println(menu);
out.println(content);
out.println(PAGE_BOTTOM);
```

Oltre al metodo per rispondere alle GET è presente anche il metodo per
rispondere alle POST; questo è praticamente identico ma è necessario per gestire
le operazioni sullo stato della macchina. Una volta recuperate le informazioni,
infatti, esegue l'operazione richiesta riportando il risultato dell'operazione.

```
String info = obj.opOnVM(opType, vmName);
```

5.3.4 LogOut

Il servlet *LogOut* si occupa di eliminare la sessione con il server e di invalidare
la sessione dell'utente

```
HttpSession session = request.getSession();
String ID = (String)session.getAttribute("sessionID");
obj = new MyClient();
obj.loadSession(serverName, ID);
obj.disconnect();
response.setContentType("text/html");
PrintWriter out = response.getWriter();
out.println(LogOut);
session.invalidate();
```

5.3.5 MyClient

La classe *MyClient* fornisce tutte le funzionalità necessarie a creare una sessione
e a mantenerla con qualsiasi server VMware supporti le VMware vSphere API.

Il metodo *connectAndLogin* serve per aprire una connessione con il server ESXi e come parametri richiede il nome del server ESXi, l'username e la password con cui connettersi al server. Una volta effettuata la connessione, il metodo restituisce una stringa contenente l'id che descrive la sessione utilizzata per la connessione.

La prima cosa da definire è specificare dove trovare il certificato per comunicare con il server ESXi.

```
System.setProperty("javax.net.ssl.trustStore",
  "/apps/vmware-cers/vmware.keystore");
```

Successivamente viene creata un' instanza del *ServiceInstace* managed object e si crea un collegamento con il web service; infine, si recupera il *serviceContent* data object e si stabilisce una sessione con il server ESXi

```
_svcRef = new ManagedObjectReference();
_svcRef.setType("ServiceInstance");
_svcRef.set_value("ServiceInstance");
_locator = new VimServiceLocator();
_locator.setMaintainSession(true);
_service = _locator.getVimPort(new URL(url));
_sic = _service.retrieveServiceContent(_svcRef);
_service.login(_sic.getSessionManager(), userName, password, null);
```

A questo punto possiamo ottenere il session id e restituirlo a chi ha chiamato il metodo.

```
info=getSession();
return info;
```

Il metodo *getSession* viene definito come privato all'interno della classe e serve per recuperare la sessione; non richiede parametri e restituisce la stringa di caratteri che identifica la sessione.

```
org.apache.axis.client.Stub st =
  (org.apache.axis.client.Stub)_service;
org.apache.axis.client.Call callObj = st._getCall();
  org.apache.axis.MessageContext msgContext =
```

```
callObj.getMessageContext();
String sessionString = (String)msgContext.getProperty(
org.apache.axis.transport.http.HTTPConstants.HEADER_COOKIE);
return sessionString;
```

Il metodo *disconnect* invia al server una richiesta di log out e reimposta le variabili che contengono le informazioni sulla connessione a null; non richiede parametri e non restituisce nessun valore.

```
_service.logout(_sic.getSessionManager());
_service = null;
_sic = null;
```

Il metodo *loadSession* serve per recuperare, nel caso fosse già stata aperta una connessione, le variabili necessarie alla comunicazione con il server ESXi. Questo richiede come parametri il nome del server ESXi, su cui si vuole riaprire la connessione, e l'id della sessione con cui era avvenuta la connessione precedente.

```
createServiceRef();
System.setProperty("javax.net.ssl.trustStore",
  "/apps/vmware-cers/vmware.keystore");
String url = "https://"+hostName+"/sdk";
_locator = new VimServiceLocator();
_locator.setMaintainSession(true);
_service = _locator.getVimPort(new URL(url));
org.apache.axis.client.Stub st =
  (org.apache.axis.client.Stub)_service;
st._setProperty(org.apache.axis.transport.http.
  HTTPConstants.HEADER_COOKIE, ID);
_sic = _service.retrieveServiceContent(_svcRef);
```

Il metodo *getHostInfo* è utilizzato per recuperare informazioni riguardanti l'host su cui è in funzione ESXi, non richiede parametri e restituisce un array di array di array di stringhe. Come prima cosa è necessario recuperare il property collector MOR e il puntatore alla radice dell'intero inventario.

```
ManagedObjectReference pcMOR = _sic.getPropertyCollector();
ManagedObjectReference rootFolderMOR = _sic.getRootFolder();
```

A questo punto si definisce a quale tipo appartengono le informazioni che si cercano e quali informazioni si vuole ottenere; inoltre bisogna definire a quale profondità dell'albero si vuole arrivare. Nel nostro caso si utilizza una ricerca sia in profondità che in ampiezza.

```
PropertySpec pSpec = new PropertySpec();
pSpec.setAll(false);
pSpec.setType("HostSystem");
pSpec.setPathSet(new String[] {"name",
    "summary.overallStatus",
    "summary.rebootRequired",
    "summary.config.product.fullName",
    "summary.hardware.model",
    "summary.hardware.cpuModel",
    "summary.hardware.numCpuCores",
    "summary.hardware.cpuMhz",
    "summary.hardware.memorySize",
    "summary.hardware.numNics",
    "summary.quickStats.overallCpuUsage",
    "summary.quickStats.overallMemoryUsage",
    "runtime.bootTime",
    "runtime.connectionState",
    "runtime.powerState",
    "runtime.inMaintenanceMode"});

ObjectSpec oSpec = new ObjectSpec();
oSpec.setObj(rootFolderMOR);
oSpec.setSelectSet(buildFullTraversal());
```

Una volta definite le opzioni di ricerca si può definire un *PropertyFilterSpec* che verrà inviato come argomento insieme al puntatore e alla radice. In questo modo sarà possibile ricavare tutte le informazioni che si desiderava ottenere.

```
PropertyFilterSpec[] pfSpec = new PropertyFilterSpec[1];
```

```
pfSpec[0] = new PropertyFilterSpec();
pfSpec[0].setObjectSet(new ObjectSpec[] {oSpec});
pfSpec[0].setPropSet(new PropertySpec[] {pSpec});
ObjectContent[] objs;
objs = _service.retrieveProperties(pcMOR, pfSpec);
```

Una volta ottenute le informazioni volute sarà possibile organizzarle e restituirle nel modo che si preferisce.

Il metodo *getVMinfo* è molto simile a *getHostInfo*. Infatti, restituisce una array di array di array di stringhe e richiede come parametro il nome della macchina virtuale di cui si vogliono ottenere le informazioni. La ricerca viene sempre effettuata sia in profondità che in ampiezza; tuttavia, le informazioni sono differenti e la ricerca si interessa di diversi tipi di informazioni legate alla stessa virtual machine. Prima di poter ricercare tutte le informazioni desiderate è necessario recuperare il puntatore alla virtual machine di nostro interesse.

```
ManagedObjectReference vmMoRef =
  _service.findByInventoryPath(searchMOR,
  "ha-datacenter/vm/"+name);
```

Una volta ottenuto il managed object reference, della nostra macchina virtuale, si definiscono tutte le informazioni che si ritengono interessanti e si richiede un oggetto contenente tutte le informazioni ricercate.

```
PropertySpec vmPropSpec = new PropertySpec();
vmPropSpec.setType("VirtualMachine");
vmPropSpec.setPathSet(new String[] {
  "name",
  "config.guestFullName",
  "config.hardware.memoryMB",
  "config.hardware.numCPU",
  "guest.toolsStatus",
  "guestHeartbeatStatus",
  "guest.ipAddress",
  "guest.hostName",
  "runtime.powerState",
  "runtime.bootTime",
```

```
  "summary.quickStats.overallCpuUsage",
  "summary.quickStats.hostMemoryUsage",
  "summary.quickStats.guestMemoryUsage", });
PropertySpec hostPropSpec = new PropertySpec();
hostPropSpec.setType("HostSystem");
hostPropSpec.setPathSet(new String[] { "name" });
PropertySpec taskPropSpec = new PropertySpec();
taskPropSpec.setType("Task");
taskPropSpec.setPathSet(new String[] { "info.name",
  "info.completeTime" });
PropertySpec networkPropSpec = new PropertySpec();
networkPropSpec.setType("Network");
networkPropSpec.setPathSet(new String[] { "name" });
TraversalSpec hostTraversalSpec = new TraversalSpec();
hostTraversalSpec.setType("VirtualMachine");
hostTraversalSpec.setPath("runtime.host");
TraversalSpec taskTravesalSpec = new TraversalSpec();
taskTravesalSpec.setType("VirtualMachine");
taskTravesalSpec.setPath("recentTask");
TraversalSpec networkTraversalSpec = new TraversalSpec();
networkTraversalSpec.setType("VirtualMachine");
networkTraversalSpec.setPath("network");
ObjectSpec oSpec = new ObjectSpec();
oSpec.setObj(vmMoRef);
oSpec.setSelectSet(new SelectionSpec[] {
  hostTraversalSpec,
  taskTravesalSpec,
  networkTraversalSpec });
PropertyFilterSpec pfSpec = new PropertyFilterSpec();
pfSpec.setPropSet(new PropertySpec[] {
  vmPropSpec,
  hostPropSpec,
  taskPropSpec,
  networkPropSpec });
```

```
pfSpec.setObjectSet(new ObjectSpec[] { oSpec });
ocs= _service.retrieveProperties(_sic.getPropertyCollector(),
  new PropertyFilterSpec[] { pfSpec });
```

Quando otteniamo le informazioni di nostro interesse basterà esplorare in profondità l'oggetto per ricavare tutte le informazioni e ordinarle come si preferisce.

Il metodo *getVMname* non richiede nessun parametro e restituisce un array di array di stringhe. Questo à simile a quelli precedentemente illustrati, ma in questo caso le informazioni ricercate riguardano il tipo *VirtualMachine* e vengono recuperati solo il nome, lo stato della macchina e l'id.

```
PropertySpec pSpec = new PropertySpec();
pSpec.setAll(false);
pSpec.setType("VirtualMachine");
pSpec.setPathSet(new String[] {"name","runtime.powerState",
  "summary.vm"});
ObjectSpec oSpec = new ObjectSpec();
oSpec.setObj(rootFolderMOR);
oSpec.setSelectSet(buildFullTraversal());
PropertyFilterSpec[] pfSpec = new PropertyFilterSpec[1];
pfSpec[0] = new PropertyFilterSpec();
pfSpec[0].setObjectSet(new ObjectSpec[] {oSpec});
pfSpec[0].setPropSet(new PropertySpec[] {pSpec});
ObjectContent[] objs;
objs = _service.retrieveProperties(pcMOR, pfSpec);
```

A partire dall'oggetto ricavato viene creato un array di stringhe che conterrà le informazioni ricavate

```
info = new String[objs.length][3];
for(int i=0; i<objs.length; i++)
{
  DynamicProperty[] dps = objs[i].getPropSet();
  info[i][0] = (String)dps[0].getVal();
  info[i][1] = dps[1].getVal().toString();
  info[i][2] = dps[2].getVal().toString();
}
```

```
return info;
```

Il metodo *opOnVM* è utilizzato per eseguire operazioni riguardanti lo stato della macchina. Esso richiede come parametro due stringhe: una che definisce l'operazione da effettuare sulla macchina e l'altra che contiene il nome sulla quale effettuare l'operazione. Infine, il metodo restituisce una stringa che descrive il risultato dell'operazione.

Come prima cosa, in questo caso, bisogna recuperare i manager object reference della radice dell'inventario e del search index che verrà utilizzato poi per recuperare il managed object reference della macchina virtuale su cui si vuole fare l'operazione.

```
ManagedObjectReference searchMOR = _sic.getSearchIndex();
ManagedObjectReference rootFolderMOR = _sic.getRootFolder();
ManagedObjectReference vmMoRef =
  _service.findByInventoryPath(searchMOR,
  "ha-datacenter/vm/"+vmName);
```

Successivamente si esegue l'operazione richiesta.

```
if(opType.equals("powerOn"))
{
  try
  {
    taskmor = _service.powerOnVM_Task(vmMoRef, null);
  }
  catch(InvalidPowerState e){ info +="La macchina virtuale
    e' gia' powerOn";}
}
else if(opType.equals("powerOff"))
  taskmor = _service.powerOffVM_Task(vmMoRef);
else if(opType.equals("suspend"))
  taskmor = _service.suspendVM_Task(vmMoRef);
else if(opType.equals("reset"))
  taskmor = _service.resetVM_Task(vmMoRef);
else info = "Operazione non valida!";
```

Infine si attende il risultato dell'operazione voluta.

```
if (info.equals("") )
{
Object[] result = waitForValues(taskmor, new String[] {
  "info.state", "info.error" }, new String[] { "state" },
  new Object[][] { new Object[] { TaskInfoState.success,
  TaskInfoState.error } });
if (result[0].equals(TaskInfoState.success))
  info +="Operazione di "+ opType +" eseguita con successo"
  + " sulla macchina "+ vmName;
}
```

Sul server ESXi a mia disposizione l'operazione di modifica dello stato di una macchina virtuale non è effettuabile. Infatti questo tipo di operazione non può essere eseguita su un server ESXi con licenza free, come descritto sul sito di VMware[20]: '"'vCLI is limited to read-only access for the free version of VMware ESXi. To enable full functionality of vCLI on a VMware ESXi host, the host must be licensed with vSphere Essentials, vSphere Essential Plus, vSphere Standard, vSphere Advanced, vSphere Enterprise, or vSphere Enterprise Plus.'"'. Non è quindi possibile proseguire con l'utilizzo delle VMware vSphere web services SDK nelle operazioni che richiedono la scrittura di informazioni sul server, siano esse operazioni per il cambiamento di stato di una macchina virtuale, per la creazione di una nuova macchina o di un account.

5.3.6 basic.css

I file CSS sono utilizzati per definire il layout delle pagina web e quindi definire come saranno visualizzate le informazioni. La maggior parte delle definizioni possono essere ritenute standard. Il layout delle pagine web del servizio è però completamente definito attraverso i CSS e l'utilizzo dei *div*. Essi infatti permettono di definire delle scatole all'interno della pagina web che potranno essere posizionate come meglio si crede.

Il *div*, relativo alla parte che è posizionata in cima alla pagina web, è stato definito in maniera molto semplice con un colore azzurro su scritta nera; è sufficiente definirlo per primo per averlo in quella posizione.

```
div#header{
  background-color:#36c;
  color:#ff0
}
```

Il *div*, che si trova posizionato nella parte bassa della pagina, è invece di una colorazione azzurro chiaro sempre con scritta nera.

```
div#footer{
  color: #000;
  background-color:#9cf;
  text-align: center;
  padding:0.5em;
  clear: right
}
div#footer a{
  color: Blue;
  font-weight: bold;
  text-decoration: none
}
div#footer a:hover{
  color: #fff;
  font-weight: bold;
  text-decoration: underline
}
```

Il *div* del menu è stato definito con una colorazione azzurro chiaro e in maniera che si trovi posizionato sulla parte destra della pagina. Inoltre sono stati definiti colori diversi dei link che variano a seconda dello stato della macchina.

```
div#navigation{
   float: right;
  width: 20em
}
div#navigation ul{
  margin: 1em 0 1em 1em;
  padding: 0;
```

```
    list-style-type: none;
}
div#navigation li{
  margin: 0;
  padding: 0
}
div#navigation a{
  color:DarkBlue;
  font: normal bold 1.0em/1.4em arial,sans-serif;
  text-decoration: none
}
div#navigation a:hover{
  color:Blue;
  text-decoration: underline
}
div#navigation a#activelink{
  color: Blue;
  text-decoration: none
}
div#navigation a#activelink:hover{
  color: DarkBlue;
  text-decoration: underline
}
div#navigation a#green{
  color: green;
  text-decoration: none
}
div#navigation a#gray{
  color: gray;
  text-decoration: none
}
div#navigation a#red{
  color: red;
  text-decoration: none
```

```
}
div#navigation a#orange{
  color: orange;
  text-decoration: none
}
div#navigation a#green:hover{
  color: DarkGreen;
  text-decoration: underline
}
div#navigation a#gray:hover{
  color: DarkGray;
  text-decoration: underline
}
div#navigation a#red:hover{
  color: DarkRed;
  text-decoration: underline
}
div#navigation a#orange:hover{
  color: DarkOrange;
  text-decoration: underline
}
```

Infine il div content è stato definito con sfondo grigio chiaro con carattere nero ed è utilizzato per racchiudere le informazioni centrali, che nel nostro caso riguardano l'host di ESXi e le macchine virtuali.

```
div#content{
  height: auto !important;
  height: 600px;
  min-height: 600px;
  margin-right: 20em;
  padding: 1em;
  background-color: #fff
}
div#content ul{
  margin: 1em 0 1em 1em;
```

```
    padding: 0;
    list-style-type: none;
}
div#content li{
    margin: 0;
    padding: 0
}
```

Il risultato delle pagine da me definite, a cui viene applicato il file basic.css, è visibile in figura 5.1 e 5.2. L'immagine 5.1 visualizza la pagina nel caso di richiesta ricevuta dal servlet SimpleClient, mentre l'immagine 5.2 riguarda il servlet VMinfo.

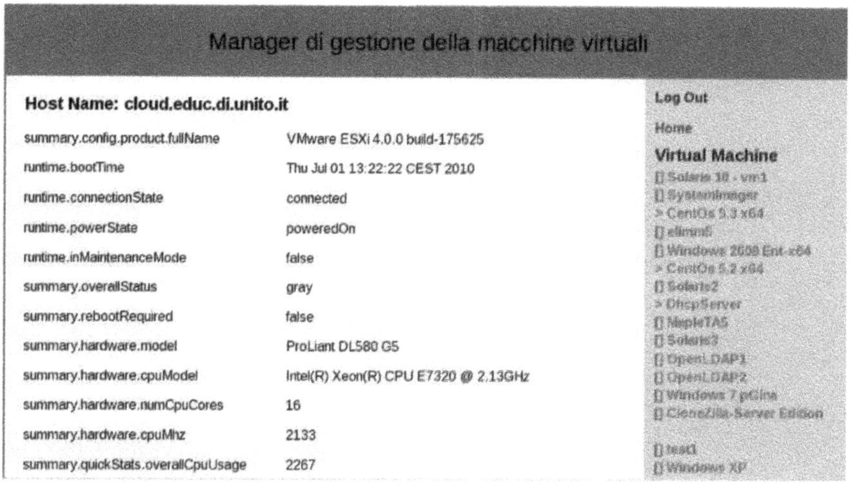

Figura 5.1: Screen del servlet SimpleClient

5.4 Una possibile soluzione alla limitazione in sola lettura imposta dalla licenza Free

L'utilizzo di VMware vSphere web services SDK, per la comunicazione con il server ESXi che abbiamo a disposizione, avviene in sola lettura e non permette

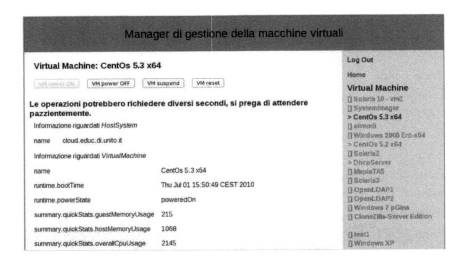

Figura 5.2: Screen del servlet VMinfo

la modifica dei dati. Questo è dovuto al fatto che la versione disponibile sul server ha una licenza free. L'impossibilità nell'eseguire operazioni di scrittura comporta l'impossibilità di ottenere modifiche strutturali sul server, non sono quindi possibili operazioni quali creazione di macchine virtuali o anche solo modifica dello stato della macchina virtuale (power off, power on).

Lo scopo di questo progetto è però avere una completa amministrazione del server ESXi. Formalmente però non esiste un modo per creare una propria applicazione e interagire con il server ESXi in versione free, l'unica possibilità è utilizzare il software messo a disposizione da VMware, come VMware vSphere Client, o l'applicazione web introdotta nella recente versione 4 di VMware ESXi denominata VMware GO.

In realtà esiste un modo per abilitare una service console nascosta alla quale è possibile inviare comandi da remoto, dopo aver abilitato la SSH. Questo tipo di operazione è però sconsigliata e non supportata da VMware in quanto potrebbe esporre il server a possibili attacchi.

Al fine di poter abilitare questa console nascosta bisogna poter operare attraverso un accesso locale alla macchina. Come prima cosa bisogna accedere a VMware ESXi localmente avendo a disposizione una tastiera e uno schermo; quando compare la schermata del sommario della console di ESXi, come mostrato in figura 5.3, bisogna premere ALT + F1.

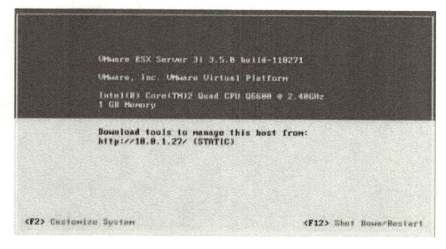

Figura 5.3: Schermata del sommario della console di ESXi

In caso di successo dovrebbe comparire una schermata simile a quella rappresentata nella figura 5.4. A questo punto è necessario digitare sulla tastiera 'unsupported' seguito da invio.

Successivamente viene richiesta la password, che nel nostro caso sarà quella dell'account di root dell' ESXi server; dovrebbe essere visibile una schermata come quella della fig 5.5

A questo punto è disponibile la console nascosta. Per riuscire ad accedere da remoto è però necessario abilitare l'accesso tramite SSH. A questo fine bisogna editare */etc/inetd.conf* e rimuovere il commento(#) davanti alla linea SSH, infine riavviare il processo *inetd.conf.*

```
>ps -ef|grep inetd
>kill -HUP <pid>
```

Dove *pid* indica il process id ricavato attraverso il comando ps.

Ora è possibile accedere da remoto alla console nascosta attraverso SSH.

I comandi messi a disposizione sono di diverso tipo; è possibile effettuare operazioni di power on, power off su una singola macchina virtuale, ottenere

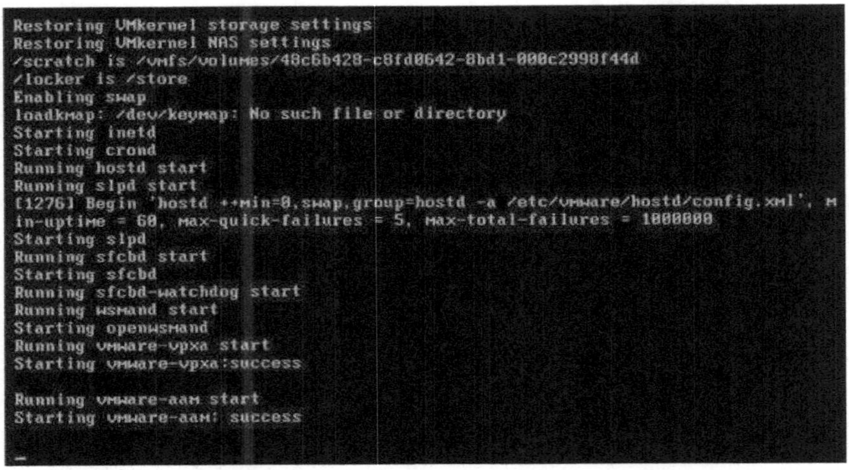

Figura 5.4: Screen successivo alla digitazione di ALT + F1

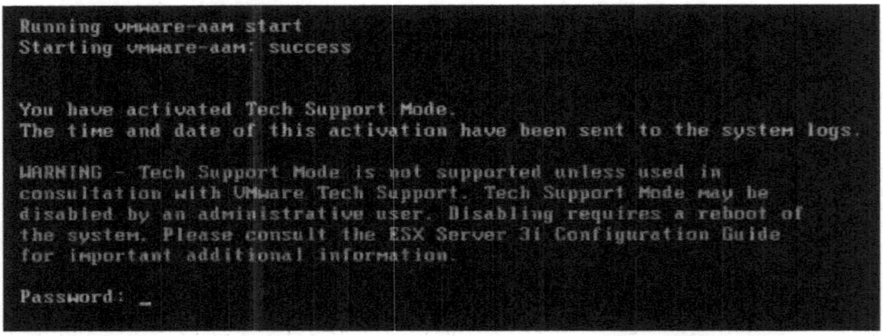

Figura 5.5: Screen successivo alla digitazione di unsupported sul server ESXi

informazioni sull'host o sulle macchine virtuali. I comandi a disposizione, utilizzando *vim-cmd*, sono divisi in 6 categorie *hostsvc/*, *proxysvc/*, *vimsvc/*, *help*, *internalsvc/*, *solo/*, *vmsvc/* ed infine *help*. Attraverso queste categorie si possono eseguire operazioni tipo *vim-cmd vmsvc/getallvms* per ricavare informazioni su tutte le macchine virtuali disponibili.

Altri tipi di operazioni risultano più complesse; ad esempio per creare una macchina virtuale è necessario creare una cartella con il nome della virtual machine che vogliamo ottenere, all'interno della cartella dove sono inserite le cartelle delle altre virtual machine. Successivamente bisogna creare un disco attraverso il comando:

```
vmkfstools -c 15G -a lsilogic nomeMacchinaVirtuale.vmdk
```

In seguito è necessario creare il file VMX, relativo alla nostra macchina virtuale, nel quale saranno descritte le opzioni presenti sulla macchina virtuale che creeremo; un possibile esempio è il seguente:

```
config.version = "8"
virtualHW.version= "7"
guestOS = "winnetenterprise-64"
memsize = "1024"
displayname = "VirtualCenter"
scsi0.present = "TRUE"
scsi0.virtualDev = "lsilogic"
scsi0:0.present = "TRUE"
scsi0:0.fileName = "VirtualCenter.vmdk"
ide1:0.present = "true"
ide1:0.deviceType = "cdrom-image"
ide1:0.filename = "/vmfs/volumes/system/win2k3_x64.iso"
ide1:0.startConnected = "TRUE"
ethernet0.present= "true"
ethernet0.startConnected = "true"
ethernet0.virtualDev = "e1000"
```

Le opzioni da inserire cambiano a seconda della macchina virtuale che vogliamo creare; maggiori informazioni, sulle opzioni appartenenti al file VMX, possono essere reperite al sito *http://sanbarrow.com/vmx.html*. A questo punto dobbiamo cambiare i permessi del file:

```
chmod 744 MiaMacchinaVirtuale.vmx
```

Ora che i file sono stati creati bisogna aggiungere la nostra macchina all'elenco delle macchine virtuali disponibili.

```
vim-cmd solo/registervm/vmfs/volumes/datastore1/
MiaMacchineVirtuale/MiaMacchinaVirtuale.vmx MiaMacchinaVirtuale
```

A questo punto la nostra macchina virtuale è disponibile e può essere attivata.

```
vim-cmd vmsvc/power.on IDMacchinaVirtuale
```

Per poter inviare comandi al server ESXi, senza dover modificare completamente l'architettura del servizio costruito fino a questo punto, ho ritenuto di dover utilizzare jsch[8]. Questo è una pura implementazione in java di SSH2. Al fine di riuscire ad applicare *jsch* al mio progetto ho provveduto a creare una classe per la sua gestione: *MyShell*

La classe, così come è stata definita fino a questo punto, ha un solo metodo *powerOp* che ha come parametri due stringhe: una per l'operazione da fare e una per l'id della macchina virtuale. Il metodo restituisce una stringa con il risultato dell'operazione.

Come prima cosa ho creato la class *JSch* e ho impostato i parametri per l'user, l'host, la porta e la password da utilizzare.

```
JSch jsch=new JSch();
Session session=jsch.getSession(user, host, 22);
session.setPassword(pass);
```

A questo punto è possibile aprire il canale per l'utilizzo della shell, assegnare i canali di input e output e, quindi, aprire la connessione.

```
Channel channel=session.openChannel("shell");
out=channel.getOutputStream();
in=channel.getInputStream();
channel.connect(3*1000);
```

94

Ora si può facilmente inviare il comando desiderato e chiudere la connessione.

```
buf =("vim-cmd vmsvc/power."+ op +" "+ vm +"\n").getBytes();
out.write(buf);
out.flush();

out.close();
in.close();
channel.disconnect();
session.disconnect();
```

Come mostrato l'invio di comandi attraverso shell è molto semplice e occorre definire poco codice per automatizzare qualsiasi operazione desideriamo compiere sul server ESXi

Un problema importante rimane senza soluzione cioè quello delle credenziali per l'accesso attraverso SSH per l'invio di comandi alla console nascosta. Infatti questa console prevede solo l'accesso da parte dell'utente root, al quale appartengono i permessi maggiori; si possono fornire questi permessi anche ad altri utenti ma al riavvio della macchina host essi vengono cancellati. Fino ad ora non è stato possibile capire quale sia il problema e quindi trovare una soluzione.

Nel caso si voglia far utilizzare l'invio di comandi, alla console remora, attraverso SSH, a qualsiasi utente si rende necessario memorizzare la password di root con una serie di problemi a livello di sicurezza; questo è necessario anche per effettuare le più semplici operazioni di stop e start di una macchina virtuale.

Oltretutto, anche si trovasse un modo per rendere consistente la modifica di account all'accesso tramite SSH, resta un problema di gestione dei permessi per evitare che un qualsiasi utente possa effettuare operazioni non desiderate. Bisogna anche tenere conto che, tutte le operazioni eseguite attraverso SSH sulla macchina host con un account, vengono registrate come utente unknow quindi può diventare difficile risalire a chi ha compiuto una determinata operazione.

5.5 VMware GO

VMware GO[17] è stato presentato in versione beta il 31 agosto 2009[19] al VM-world 2009 e reso poi disponibile in versione definitiva il 13 Genanio 2010[18].

VMware GO è supportato dai server ESXi a partire dalla versione 4.

VMware GO permette la configurazione del proprio server ESXi. Questo è costituito da una piattaforma web-based che garantisce la gestione in completa autonomia di una qualsiasi installazione gratuita di VMware ESXi. VMware GO offre un pannello dal quale è possibile controllare l'allocazione delle risorse, la configurazione di rete, ma anche la creazione e gestione delle singole virtual machines all'interno della nostra installazione.

VMware GO è una soluzione "hosted", presente sui server di VMware, ed è erogata ai clienti tramite interfaccia web-based. L'utilizzo di VMware GO richiede comunque la presenza di alcune componenti installate in ambiente Windows (XP SP3, Vista SP1 o SP2 e 7). Infatti, vi è la necessità di un browser web compatibile come ad esempio Microsoft Internet Explorer (7.x or 8.x) o Firefox 3.x; in particolare è necessario che siano installati i seguenti componenti: Microsoft .NET framework, PowerShell, VMware vSphere Power CLI, la Remote Console e il VMware Converter Stand-Alone.

Ci troviamo in presenza di una piattaforma accessibile solamente online pertanto, nel caso dovessimo amministrare il nostro server usando GO, non possiamo fare a meno di una connessione a Internet. VMware ha scelto di fornire uno strumento relativamente semplice per la configurazione di nuovi server virtuali ma, essendo gratuito, sono diverse le limitazioni che si possono incontrare e che verrebbero eliminate solamente passando ad una licenza VMware.

VMware GO semplifica la virtualizzazione attraverso tre passaggi fondamentali:

1. ESXi server setup:

    • esiste un'intuitiva interfaccia web-browser e una wizard guides che permettono di guidare in modo pratico e veloce il processo di installazione e il setup;

    • costruito, controllando la compatibilità hardware, automatizza il processo di selezione di ambienti server fisici.

2. Creazione della Virtual Machine:

- facile configurazione del server fisico esistente, installazione di un ambiente virtuale precostituito o possibilità di iniziare con una nuova macchina virtuale.

3. Gestione dei server ESXi e delle virtual machines:

- interfaccia di gestione centralizzata con facili comandi per modificare l'ambiente virtuale;

- monitor virtual machines per controllare e verificare le performance base e l'utilizzo delle risorse;

- ricerca e aggiornamento delle macchine virtuali e della console centrale.

Il servizio fornito da WMware GO è di tipo "hosted", pertanto è necessario inserire i propri dati di autenticazione per permettere al servizio di porsi in contatto con la propria macchina virtuale. Questo potrebbe generare dei problemi in relazione alla sicurezza. VMware, tuttavia, ha indicato le modalità attraverso le quali garantisce la piena sicurezza del servizio offerto:

- tutti i dati sono completamente criptati usando il Secure Socket Layer (SSL) durante la trasmissione dei dati stessi;

- i dati sensibili (come le password) non sono mai memorizzati nel data center;

- tutti i dati sono sorretti attraverso regular basis;

- la gestione completa e sicura del data center garantisce che le operazioni critiche come la configurazione, il troubleshooting, il backups, gli updates, il patching e il monitoring siano completati con l'utilizzo delle migliori tecnologie. Molteplici livelli di sicurezza sono utilizzati per garantire la protezione contro attacchi, virus, manomissioni, intrusioni e furti.

Inoltre, VMware garantisce che tutte le informazioni che ottiene nelle diverse fasi di utilizzo del servizio, vengono utilizzate esclusivamente allo scopo di permettere il miglioramento del servizio stesso.

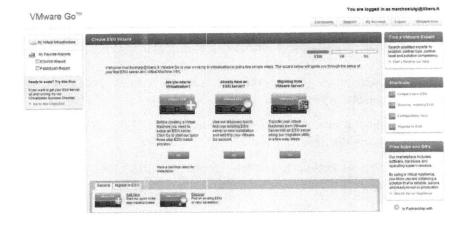

Figura 5.6: Screen di VMware GO dopo il log-in

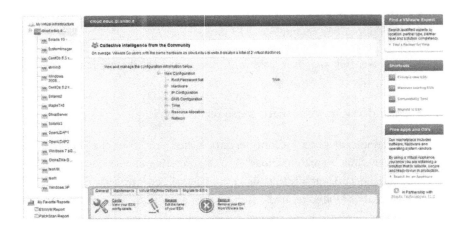

Figura 5.7: Screen di VMware GO nel menu riguardante l'host

98

Nelle immagini 5.6 è possibile vedere l'homepage di VMware GO così come si presenta dopo aver effettuato il login; mentre nella figura 5.7 si può notare come vengono visualizzate le informazioni riguardante l'host.

In definitiva VMware GO permette la gestione di più server ESXi da interfaccia web e questa modalità di fruizione del servizio corrisponde a ciò che il progetto iniziale della tesi prevedeva. Tuttavia, in questa nuova piattaforma non è prevista la possibilità di creare nuovi account e di gestire lo stato da parte di utenti non amministratori; questo poichè il software è stato pensato per il solo uso da parte dell'amministratore.

Capitolo 6

Conclusioni

Il progetto che ha portato alla stesura di questo libro aveva come scopo quello di costruire un'infrastruttura da utilizzare per la gestione di un server VMware ESXi.

Il lavoro, inizialmente, era basato sulle VMware vSphere web services SDK, partendo delle quali è stata creata un'infrastruttura per la completa gestione del server. L'esecuzione concreta del progetto ha portato alla luce i problemi legati alla licenza free di WMware ESXi, che è quella attualmente installata sul server. Infatti, non potendo effettuare modifiche attraverso le VMware vSphere web services SDK non è stato possibile proseguire con il lavoro, che, in ogni caso, non avrebbe potuto essere testato correttamente.

Al fine di trovare una soluzione a questo problema è stata sbloccata una funzionalità, che era stata nascosta dai creatori di VMware ESXi: la hidden service console. Attraverso questa console, abilitando SSH sul server, è possibile inviare comandi per la gestione del server da remoto. Questa soluzione ha però dei forti limiti, primo tra tutti l'obbligo di utilizzo dell'account root per potersi connettere e inviare le richieste; inoltre questo utilizzo non è supportato e viene sconsigliato da VMware.

Nonostante questa tecnica venga sconsigliata, come sopra specificato, essa può comunque prestarsi a usi futuri nel caso in cui si ritenga di procedere utilizzando l'utente root per compiere le operazioni, oppure se si riuscisse ad abilitare permanentemente gli account a cui si vuole permettere la gestione. Nell'eventualità questo accadesse si dovrebbe comunque trovare un metodo per limitare le operazioni che gli account base possono compiere, altrimenti, potrebbero connettersi liberamente al server ed eseguire qualsiasi comando.

Pertanto, per gestire VMware ESXi, risulta necessario installare vSphere client oppure utilizzare VMware GO che, in ogni caso, richiede l'installazione di componenti aggiuntivi per poter avere a disposizione tutte le funzionalità necessarie.

Consultando gli articoli pubblicati in rete è possibile notare come da parte di moltissimi utenti venga richiesta l'eliminazione di questa limitazione in sola lettura con l'utilizzo della vCLI. Inizialmente si pensava che tale limitazione sarebbe stata rimossa nel passaggio dalla versione 3 alla versione 4 di VMware ESXi, in realtà così non è stato. Questo però non impedisce che in un futuro upgrade di VMware ESXi non venga comunque sbloccata questa funzionalità.

Nell'eventualità venisse attivata la possibilità di compiere modifiche sul server ESXi, attraverso l'utilizzo delle vCLI, sarebbe allora possibile portare a compimento operazioni per ora limitate dalla licenza.

Tra le funzionalità che si potrebbe pensare di utilizzare c'è la gestione della singola macchina virtuale, tra cui rientrano le operazioni di cambiamento di stato (power on, power off, suspend e reset). Un'altra funzionalità che potrebbe essere aggiunta è quella che permette di creare e cancellare le eventuali macchine virtuali. Infine esiste anche la possibilità di permettere la modifica delle risorse a disposizione della macchina virtuale.

L'eventuale aggiunta di queste funzionalità comporterebbe la necessità di effettuare uno studio preciso dei permessi che si vogliono fornire, considerando la presenza di due tipologie di utenza: una amministratrice e l'altra per l'utilizzo di macchine singole. In questo caso si potrebbe pensare di fornire i permessi completi alle utenze amministratrici mentre, gli utenti singoli, avrebbero accesso a conoscenze limitate sia dell'host che delle macchine virtuali. Infatti si può pensare di fornire, per le sole macchine virtuali degli utenti, permessi di visualizzazione delle informazioni delle macchine virtuali e del cambiamento di stato.

In aggiunta sarebbe possibile anche introdurre la funzionalità che permette la visualizzazione di una console e, volendo rendere il servizio più completo, un remote desktop attraverso l'interfaccia web. Questa potrebbe evitare l'installazione di tools ed inoltre si potrebbe far si che la funzionalità di remote desktop non sia legata a nessun sistema operativo in particolare.

I vantaggi, che un servizio dotato di tutte le funzionalità fin qui indicate avrebbe rispetto ai tools messi a disposizione da VMware, possono non essere immediatamente percepibili. In realtà, sarebbe sicuramente garantita una maggiore portabilità poichè il servizio, in conformità a come era stato progettato, necessita soltanto di un browser web. Inoltre, il servizio perfezionato con tutte le funzionalità indicate, permetterebbe un controllo capillare dell'attività permessa agli utenti normali.

Sempre al fine di rendere il servizio il più completo ed efficiente possibile, si potrebbero inserire ancora altre funzionalità da un punto di vista cloud e distribuito. Nello specifico il codice, attraverso facili modifiche, potrebbe non collegarsi ad un singolo server ESXi ma permettere la connessione a più server e fornire gli stessi servizi ma in maniera cloud. In questo modo si potrebbero raccogliere i dati da più server ESXi e raggrupparli per creare statistiche di utilizzo con il fine di migliorare il servizio.

Un modo per semplificare la fruizione del servizio potrebbe essere quello di implementare un sistema di autenticazione centralizzando in modo che sia necessario inserire una sola volta la propria username e password per poter accedere a tutte le macchine virtuali disponibili sui diversi server ESXi

In conclusione deve essere presa in considerazione anche l'eventualità che un modifica delle funzionalità previste nella licenza free, che permettano di compiere modifiche sul server ESXi, attraverso la vCLI, non eliminerebbe la possibilità di incontrare degli ostacoli alla realizzazione di un'architettura distribuita. Pertanto, appare poco utile pensare e proporre soluzioni non attualmente realizzabili.

Appendice A

Differenze tra ESX e ESXi

Capability	VMware ESX	VMware ESXi
Service Console	Service Console is a standard Linux environment through which a user has privileged access to the VMware ESX kernel. This Linux-based privileged access allows you to manage your environment by installing agents and drivers and executing scripts and other Linux-environment code.	VMware ESXi is designed to make the server a computing appliance. Accordingly, VMware ESXi behaves more like firmware than traditional software. To provide hardware-like security and reliability, VMware ESXi does not support a privileged access environment like the Service Console for management of VMware ESXi. To enable interaction with agents, VMware has provisioned CIM Providers through which monitoring and management tasks, traditionally done through Service Console agents, can be performed. VMware has provided remote scripting environments such as vCLI and PowerCLI to allow the remote execution of scripts.

continua Tab. 5.1

Capability	VMware ESX	VMware ESXi
CLI-Based Configuration	VMware ESX Service Console has a host CLI through which VMware ESX can be configured. VMware ESX can also be configured using vSphere CLI (vCLI).	The vSphere CLI (vCLI) is a remote scripting environment that interacts with VMware ESXi hosts to enable host configuration through scripts or specific commands. It replicates nearly all the equivalent COS commands for configuring ESX. Notes : • vCLI is limited to read-only access for the free version of VMware ESXi. To enable full functionality of vCLI on a VMware ESXi host, the host must be licensed with vSphere Essentials, vSphere Essential Plus, vSphere Standard, vSphere Advanced, vSphere Enterprise, or vSphere Enterprise Plus. • VMware vSphere PowerCLI[27] (for Windows) and vSphere SDK for Perl access ESXi through the same API as vCLI. Similarly, these toolkits are limited to read-only access for the free version of VMware ESXi. When the host is upgraded to vSphere Essentials, vSphere Essential Plus, vSphere Standard, vSphere Advanced, vSphere Enterprise, or vSphere Enterprise Plus these toolkits have write-access and provide a scriptable method for managing ESXi hosts. • Certain COS commands have not been implemented in the vCLI because they pertain to the management of the COS itself and not ESXi. For details, please see the vSphere Command-Line Interface Documentation[22].
Scriptable Installation	VMware ESX supports scriptable installations through utilities like KickStart.	VMware ESXi Installable does not support scriptable installations in the manner ESX does, at this time. VMware ESXi does provide support for post installation configuration script using vCLI-based configuration scripts.

continua Tab. 5.1

106

Capability	VMware ESX	VMware ESXi
Boot from SAN	VMware ESX supports boot from SAN. Booting from SAN requires one dedicated LUN per server.	VMware ESXi may be deployed as an embedded hypervisor or installed on a hard disk. In most enterprise settings, VMware ESXi is deployed as an embedded hypervisor directly on the server. This operational model does not require any local storage and no SAN booting is required because the hypervisor image is directly on the server. The installable version of VMware ESXi does not support booting from SAN.
Serial Cable Connectivity	VMware ESX supports interaction through direct-attached serial cable to the VMware ESX host.	VMware ESXi does not support interaction through direct-attached serial cable to the VMware ESXi host at this time.
SNMP	VMware ESX supports SNMP.	VMware ESXi supports SNMP when licensed with vSphere Essentials, vSphere Essential Plus, vSphere Standard, vSphere Advanced, vSphere Enterprise, or vSphere Enterprise Plus. The free version of VMware ESXi does not support SNMP.
Active Directory Integration	VMware ESX supports Active Directory integration through third-party agents installed on the Service Console.	VMware ESXi does not support Active Directory authentication of local users at this time.
HW Instrumentation	Service Console agents provide a range of HW instrumentation on VMware ESX.	VMware ESXi provides HW instrumentation through CIM Providers. Standards-based CIM Providers are distributed with all versions of VMware ESXi. VMware partners include their own proprietary CIM Providers in customized versions of VMware ESXi. These customized versions are available either from VMware's web site or the partner's web site, depending on the partner. Remote console applications like Dell DRAC, HP iLO, IBM RSA, and FSC iRMC S2 are supported with ESXi.

continua Tab. 5.1

Capability	VMware ESX	VMware ESXi
Software Patches and Updates	VMware ESX software patches and upgrades behave like traditional Linux based patches and upgrades. The installation of a software patch or upgrade may require multiple system boots as the patch or upgrade may have dependencies on previous patches or upgrades.	VMware ESXi patches and updates behave like firmware patches and updates. Any given patch or update is all-inclusive of previous patches and updates. That is, installing patch version "n" includes all updates included in patch versions n-1, n-2, and so forth. Furthermore, third party components such as OEM CIM providers can be updated independently of the base ESXi component, and vice versa.
VI Web Access	VMware ESX supports managing your virtual machines through VI Web Access. You can use the VI Web Access to connect directly to the ESX host or to the VMware Infrastructure Client.	VMware ESXi does not support web access at this time.
Licensing	For licensing information, see the VMware Sphere Editions Comparison[21].	For licensing information, see the VMware Sphere Editions Comparison.

continua Tab. 5.1

108

Capability	VMware ESX	VMware ESXi
Diagnostics and Trouble-shooting	VMware ESX Service Console can be used to issue command that can help diagnose and repair support issues with the server	VMware ESXi has several ways to enable support of the product: • Remote command sets such as the vCLI include diagnostic commands such as vmkfstools, resxtop, and vmware-cmd • The console interface of VMware ESXi (known as the DCUI or Direct Console User Interface) has functionality to help repair the system, including restarting of all management agents • Tech Support Mode, which allows low-level access to the system so that advanced diagnostic commands can be issues. For more information, see Tech Support Mode for Emergency Support (1003677).
Jumbo Frames	VMware ESX 4.0 fully supports Jumbo Frames.	VMware ESXi 4.0 fully supports Jumbo Frames.

Tabella A.1: Differenze tra ESX e ESXi nella versione 4.

Bibliografia

[1] Homepage ufficiale AMD *http://www.amd.com*

[2] Hompage ufficiale CentoOS. *http://www.centos.org/*

[3] Hompage ufficiale del supporto italiano a CentoOS.
http://www.centos-italia.org/

[4] Hompage HP ProLiant DL 580 G5.
http://h10010.www1.hp.com/wwpc/it/it/sm/WF25a/
15351-15351-3328412-3328422-3328422-3454575.html

[5] Homepage ufficiale Intel *http://www.intel.com*

[6] Homepage ufficiale Intel IA-32 Documentation. *http://www.intel.com/*
products/processor/manuals/

[7] Intel E7520 and E7320 Chipset.
http://www.intel.com/Products/Server/Chipsets/E7520-E7320/
E7520-E7320-overview.htm

[8] Homepage jsch. *http://www.jcraft.com/jsch/*

[9] Homepage ufficiale Microsoft Hyper-V. *http://www.microsoft.com/*
windowsserver2008/en/us/virtualization-consolidation.aspx

[10] homepage Java. *http://java.sun.com/*

[11] Libro sulla java virtuali machine.
http://java.sun.com/docs/books/jvms/second_edition/html/
VMSpecTOC.doc.html

111

[12] Web page sulla transcendent memory *http://oss.oracle.com/projects/ tmem/*

[13] Homepage ufficiale Oracle VM. *http://www.oracle.com/technologies/ virtualization/index.html*

[14] HP ProLiant DL 580 G5 Quick Specs. *http://www3.penta.com.tr/katalog/pdf/hp/dl580_G5.pdf*

[15] Hompage del progetto Tomcat. *http://tomcat.apache.org/*

[16] Homepage ufficiale VMware *http://www.vmware.com*

[17] Homepage VMware GO. *https://go.vmware.com/*

[18] Annuncio ufficiale release free VMware GO. *http://www.vmware.com/company/news/releases/vmw-go-ga.html*

[19] Annuncio ufficiale beta VMware GO. *http://www.vmware.com/company/news/releases/vmw-go-vmworld09.html*

[20] Homepage sulle differenze tra VMware ESX e ESXi versione 4. *http://kb.vmware.com/selfservice/microsites/search.do? language=en_US&cmd=displayKC&externalId=1015000*

[21] Compare vSphere Editions for Mid-size and Enterprise Businesses. *http://www.vmware.com/products/vsphere/buy/ editions_comparison.html*

[22] Homepage vSphere Command-Line Interface Documentation. *http://www.vmware.com/support/developer/vcli/*

[23] Homepage ufficiale VMware vSphere Web Services Documentation. *http://www.vmware.com/support/developer/vc-sdk/*

[24] Homepage ufficiale per le vSphere API Reference. *http://www.vmware.com/support/developer/vc-sdk/visdk400pubs/ ReferenceGuide/new-enum-types-landing.html*

[25] Developer's Setup Guide. *http://www.vmware.com/support/developer/vc-sdk/visdk400pubs/ sdk40setupguide.pdf*

[26] vSphere Web Services SDK Programming Guide.
http://www.vmware.com/support/developer/vc-sdk/visdk400pubs/
sdk40programmingguide.pdf

[27] Homepage VMware vSphere PowerCLI.
http://www.vmware.com/support/developer/windowstoolkit/

[28] Homepage ufficiale VMware sulle API ed SDK disponibili.
http://www.vmware.com/support/pubs/sdk_pubs.html

[29] Wikipedia homepage Axis. *http://en.wikipedia.org/wiki/Apache_Axis*

[30] Wikipedia homepage di Tomcat.
http://en.wikipedia.org/wiki/Apache_Tomcat

[31] Wikipedia hompage CentOS. *http://en.wikipedia.org/wiki/CentOS*

[32] Wikibooks che tratta la tecnologia java. *http://it.wikibooks.org/wiki/Java*

[33] Homepage wiki sulla programmazione java.
http://en.wikipedia.org/wiki/Java_%28programming_language%29

[34] Homepage wiki che tratta della java virtual machine.
http://en.wikipedia.org/wiki/Java_Virtual_Machine

[35] Homepage W3C SOAP. *http://www.w3.org/TR/soap12-part0/*

[36] Homepage Apache Axis. *http://ws.apache.org/axis/*

[37] Homepage della Web Services Interoperability Organization.
http://www.ws-i.org

[38] Homepage ufficiale XenSource. *http://xen.xensource.com/*

[39] AMD. *Virtualization Codenamed "Pacifica" Technology: Secure Virtual Machine Architecture Reference Manual.* Maggio 2005.

[40] J. C. Adams, W. S. Brainerd, J. T. Martin. *Fortran 90 Handbook: Complete Ansi/Iso Reference.* Intertext Publications, 1992.

[41] D. Aspinall. *Some Aspects of the Design and Construction of ATLAS, a High Speed Parallel Digital Computing Machine.* Tesi di Dottorato di Ricerca, University of Manchester, 1961.

[42] P. Barham, B. Dragovic, K. Fraser, S. Hand, T. Harris, A. Ho, R. Neugebauer, I. Pratt, A. Wareld. *Xen and the Art of Virtualization.* In SOSP '03: Proceedings of the nineteenth ACM symposium on Operating systems principles. ACM, 2003.

[43] Jason Brittain, Ian F. Darwin. *Tomcat the definitive guide* O'REILLY Books. *http://oreilly.com/catalog/9780596003180/preview*

[44] J. P. Casazza, M. Greeneld, K. Shi. *Intel Virtualization Technology: Redening Server Performance Characterization for Virtualization Benchmarking.* Intel Technology Journal, 2006.

[45] L. Cherkasova, D. Gupta, A. Vahdat. *Comparison of the three CPU schedulers in Xen.* SIGMETRICS Perform. Eval. Rev., 2007.

[46] K. J. Duda, D. R. Cheriton. *Borrowed-virtual-time (BVT) scheduling: supporting latency-sensitive threads in a general-purpose scheduler.* SIGOPS Oper. Syst. Rev., 1999.

[47] Cay S.Horstman. *Concetti di informatica e fondamenti di java 2* APOGEO.

[48] Jacob Faber Kloster, Jesper Kristensen, Arne Mejlholm. *On the Feasibility of Memory Sharing.* Department of Computer Science, Aalborg University June 2006

[49] A. Mallick et al. *Intel Virtualization Technology: Extending Xen with Intel Virtualization Technology.* Intel Technology Journal, 2006.

[50] G. J. Popek, R. P. Goldberg. *Formal requirements for virtualizable third generation architectures.* Communication of the ACM, 1974.

[51] C. Strachey. *Time Sharing in Large Fast Computers.* Proceedings of theInternational Conference on Information Processing, Giugno 1959.

[52] E. Traut, M. Hendel, R. Vega. *Enhanced shadow page table algorithms.* U.S. 2005.

[53] R. Uhlig et al. *Intel Virtualization Technology: Hardware Support for Ecient Processor Virtualization.* Intel Technology Journal, 2006.

[54] C. A. Waldspurger. *Memory resource management in VMware ESX server.* SIGOPS Oper. Syst. Rev., 2002.

Elenco delle figure

118

Elenco delle tabelle